Kaninchen verstehen leicht gemacht

Tunnelgänger

Enge Röhren, dunkle Tunnel – für Kaninchen kein Problem. Ihr Bau besteht aus einem Labyrinth aus Tunnel-, Röhren- und Gangsystemen. Daher fühlen sich Kaninchen in den dämmrigen Gängen äußerst geborgen.

Meisterbuddler

Graben, Scharren und Buddeln gehört zum natürlichen Verhaltensrepertoire der Kaninchen. In freier Natur sind die Weibchen dafür verantwortlich, den Bau mit seinen Röhren, Gängen und Wohnkesseln zu graben. Kaninchen graben daher auch in ihrer Einstreu – oder eben auf dem Teppich.

Kleine Nimmersatts

Kaninchens Lieblingsbeschäftigung ist das Essen. Kräuter, Heu und Gemüse passen immer rein. Das Verdauungssystem des Kaninchens ist so angelegt, dass es dauernd Futter aufnehmen muss.

Geruchskontrolle

Der Duft des anderen ist die Visitenkarte. Treffen sich zwei Kaninchen, wird zuerst ein Duft-Check durchgeführt. Man beginnt höflich am Kopf und arbeitet sich umkreisend zu den Anal- und Perianaldrüsen am Po vor.

Aufreiten

Es ist nicht unbedingt das, wonach es aussieht. Kaninchen reiten nämlich nicht nur zur Paarung auf, sondern zeigen dadurch auch ihre Dominanz.

Gut gepflegt

Kaninchen sind sehr reinliche Tiere. Ein gesundes Kaninchen nimmt sich mehrmals täglich Zeit für eine ausgiebige Körperpflege. Das Gesicht wird gewaschen, indem der Zwerg seine Pfoten beleckt und sich anschließend über Augen, Mund und Nase fährt.

Zwei, die sich gut verstehen

Kaninchen sind Sippentiere und wollen nicht allein leben. Zur Begrüßung beschnuppern sie sich gegenseitig am Gesicht. Tiere, die sich mögen, bekunden ihre freundschaftliche Beziehung durch ausdauerndes Beknabbern und Belecken. Hat der andere genug, schubst er seinen Kumpel einfach weg.

Platz da!

Auch Kaninchen haben Meinungsverschiedenheiten. Sitzt der eine im Weg, schubst ihn der andere zur Seite. Wenn das nicht ausreicht, wird er ein paar Hoppler lang verfolgt.

Inhalt

1

Kaufen und versorgen 6

2

Ernähren und pflegen 28

3

Verstehen und beschäftigen 50

Service 70

1

Kaufen und versorgen

Was hüpft denn da?

Ausflug zu den wilden Verwandten

Steckbrief Aussehen

Kaninchen

(Oryctolagus cuniculus)

- kurze Löffel
- graues Fell mit weißem Bauch
- dunkle Augen
- nach oben geklapptes Schwänzchen mit weißer Unterseite
- Gewicht: 1–2 kg

Feldhase

(Lepus europaeus)

- lange Löffel mit schwarzem Rand
- hellbraunes Fell mit weißem Bauch
- braune Augen mit länglicher Pupille
- nach unten geklapptes Schwänzchen mit weißer Unterseite und schwarzem Rand
- Gewicht: 3,5–5 kg

Beide gehören zur Familie der Hasenartigen und nicht zu den Nagern.

Europa, sandiger Boden, es ist schon dämmrig. Gras wächst, am Rand stehen ein paar Büsche. Sieht man genauer hin, gleicht der Boden einem Schweizer Käse. Überall sind Löcher, Ein- und Ausgänge, mal mehr, mal weniger versteckt. Im Schutz der Dämmerung hoppeln und mümmeln ... wilde Kaninchen!

Wildkaninchen – gesellige Buddler

Wildkaninchen sind sehr gesellig und leben in Großfamilien in selbst gegrabenen Erdbauten. Sie sind wahre Architekten und legen zahlreiche Tunnel, Haupteingänge, Wohnbereiche und Notausgänge an. Hierzu bevorzugen sie mit Büschen bestandenes, hügeliges und möglichst sandiges Gelände, das ihnen Schutz und reichlich Futter bietet.

Hier herrscht Ordnung

Kaninchen sind sehr ordentlich. Sie legen eigene Toiletten an, die sich außerhalb ihres Baues befinden. Auch die Haupteingänge werden immer offen und sauber gehalten, während die Notausgänge gut versteckt unter den Büschen liegen.

Immer auf der Flucht

Da Kaninchen eine ganze Menge natürlicher Feinde haben, die ihnen über Land und aus der Luft an den Kragen wollen, leben sie sehr vorsichtig. Meistens verlassen sie ihren Bau im Schutz der Morgen- und Abenddämmerung und suchen in der Nähe nach Gräsern und Kräutern. Dabei sind sie sehr wachsam. Mit Augen, Ohren und Nase wird die Umgebung sondiert, um schnell weglaufen zu können.

Buschtrommel

Sobald etwas verdächtig erscheint, wird Alarm geschlagen. Hier genügt ein kurzes Trommeln mit den Hinterbeinen und plötzlich sind alle Sippenmitglieder wie vom Erdboden verschluckt – sie lassen sich einfach in die Noteingänge fallen.

Familienleben

Kaninchenkinder kommen nackt und blind in einer gut gepolsterten Höhle zur Welt. Dort verbringen die kleinen Nesthocker die erste Zeit und werden von der Mutter versorgt.
Innerhalb einer Wildkaninchensippe herrscht eine feste Rangordnung. Dabei dominiert ein Rammler über die Männchen, eine Häsin über die Weibchen und die Gruppe. Die Kaninchen verständigen sich über Körpersprache und Geruch.

Lange Löffel, flinke Beine – der Feldhase

Hasen und Kaninchen sind nicht dieselben Tiere. Feldhasen leben oberirdisch und sind Einzelgänger. Als eher scheue Wildtiere bevorzugen Hasen offene Flächen, Felder, Wiesen und Waldränder als Lebensraum.

Ihr Zuhause ist recht spartanisch: Sie wohnen in Sassen, einfachen Bodenmulden, in die sie sich drücken. Mit ihrem braunen Fell und den angelegten Ohren passen sie sich perfekt der Umgebung an und verlassen sich darauf, dass sie jeder übersieht.

Kaninchen sind sehr gesellige Tiere. Sie leben in einer großen Familie in Kaninchenbauten, wo sie auch ihre Jungen großziehen.

Kommt man ihnen doch zu nah, suchen sie ihr Heil in der Flucht. Mit ihren langen Beinen sind sie perfekte Sprinter und können eine Geschwindigkeit von bis zu 80 km/h erreichen. Auch Hasen bevorzugen die Dämmerung, um an Gräsern zu naschen.

Paarung auf Hasenart

Während der Paarungszeit bekommt man die scheuen Feldbewohner öfter zu Gesicht, denn jetzt geht es ziemlich heiß her. Hasen sind nicht zimperlich: Mehrere Rammler verfolgen eine Häsin im Laufduell. Der Rivale wird geboxt und getreten und des öfteren muss der Rammler auch Hiebe von der Häsin einstecken, die nicht gleich mit seinen Avancen einverstanden ist. Hasenkinder kommen voll entwickelt und mit Fell als Nestflüchter zur Welt.

Feldhasen sind Einzelgänger. Besonders charakteristisch sind ihre langen Löffel, mit denen sie fast jedes Geräusch einfangen.

Vom Wildkaninchen zum Zwergkaninchen

Wie die Kaninchen bei uns einzogen

Schon die Römer hielten Wildkaninchen als Haustiere, allerdings, um sie zu essen.

Wildkaninchen sind schon lange bekannt. Sie lebten, Berichten zufolge, bereits 1.100 v. Chr. im heutigen Spanien und Portugal. Ungefähr tausend Jahre später kamen die Römer auf den Geschmack, fingen Kaninchen und brachten sie nach Rom, um sie in so genannten „Leporarien“ (eingefriedeten Gehegen) zu halten.

Down under – Kaninchen leben fast überall

Weil Kaninchen sehr anpassungsfähig sind und fast überall leben können, breiteten sie sich in alle Himmelsrichtungen aus, teils von alleine, teils durch menschliches Zutun. Einige schafften es sogar nach Australien, da ein Engländer, der ausgewandert war, so viel „Heimat“ wie möglich mitnehmen wollte: darunter auch einige Wildkaninchen. Dort fühlten sich die kleinen Flitzer sichtlich wohl, vermehrten sich fröhlich und da sie keine natürlichen Feinde hatten, wurden sie zur regelrechten Plage. Auch in Deutschland kann man ihre Anpassungsfähigkeit bewundern: Manche Sippen sind in die Städte gezogen, leben in unmittelbarer Nähe des Menschen.

Steckbrief Aussehen

Zwergkaninchen

- Relativ kurze, eng zusammenstehende Ohren (5–7 cm lang)
- Kompakter, walzenförmiger, gedrungener Körper; Körperhöhe und -breite sollten ca. ein Drittel der Länge ausmachen
- Runder, markanter Kopf mit breiter Stirn und Schnauze sowie ausgeprägten Backen
- Gewicht: ausgewachsen 1–1,25 kg, Widderzwerge bis 1,5 kg

Vom Wildtier zum Haustier

Weil Kaninchen sich fast überall wohlfühlen, wurden sie schon bald in Menschenobhut gehalten und gezüchtet. Sie dienten als wertvolle Fleisch- und Fell-Lieferanten und waren sehr begehrt, da Kaninchenfleisch sogar in den Klöstern als Fastenspeise zugelassen war.

Das erste Zwergkaninchen

Im Laufe der Zeit wurden Kaninchen gezielt gezüchtet. Erst wollte man dicke, kräftige mit viel Fleisch und kuscheligem Fell. Dann wurde die Zucht zum Zeitvertreib, den besonders die Holländer und Engländer liebten. 1938 verpaarte Minheer Hoefman ein Hermelinkaninchen (diese Rasse war 1904 in England entstanden) mit einem Wildkaninchen, und heraus kam das erste Zwergkaninchen. Mit ihren runden Köpfchen, den großen, glänzenden Augen und der Stupsnase, dem kuscheligen Fell und ihrer Zutraulichkeit wurden sie zum erklärten Liebling von Alt und Jung.

Zwergkaninchen erobern die Wohnzimmer! Dieses nimmt es besonders wörtlich und untersucht bei seinem täglichen Freilauf alles, was erreichbar ist.

Zwergkaninchen erobern die Wohnzimmer

Durch ihr niedliches Aussehen, ihre geringe Größe und ihr freundliches Wesen wurden Zwergkaninchen zu den beliebtesten Heimtieren. Besonders Kinder schließen die kleinen Zwerge schnell in ihr Herz.
Leider wurde das auch schon dem ein oder anderen Kaninchen zum Verhängnis. Weil sie so süß sind und nicht sehr teuer, werden die Tiere immer wieder spontan gekauft und, besonders zu Ostern, verschenkt. Vielleicht hat der Beschenkte viele Hobbys und gar nicht so viel Zeit für das Kaninchen. Meistens wird es auch noch allein gehalten und fristet ein einsames Leben in seinem Käfig. Das soll und muss nicht sein!
Damit sich Ihre Zwergkaninchen bei Ihnen rundum wohlfühlen, erfahren Sie auf den folgenden Seiten, wie Sie Ihre Mümmelmänner möglichst artgerecht halten, sinnvoll beschäftigen und in Ihre Familie integrieren können. Denn so macht es allen Spaß.

Wuschelig und bunt gescheckt

Die schönsten Kaninchenrassen

Ein Blick in die Zoofachhandlung zeigt: Zwergkaninchen gibt es in fast allen Variationen. Einfarbig oder gescheckt, langhaarig oder kurzhaarig, mit Stehohren oder mit Schlappohren. Viele davon sind sicher zufällige Launen einer wilden Zwergkaninchenliebe. Doch es gibt auch Rassetiere, die nach einem vorgegebenen Standard gezüchtet wurden, ganz bestimmte Merkmale aufweisen müssen und vielleicht sogar Preise gewonnen haben.

Bei den Zwergkaninchen gibt es inzwischen viele Rassen, doch auch die Mischlinge sehen niedlich aus.

Hermelinzwerge – schneeweiß und kuschelig

Hermelinzwerge waren die erste bekannt gewordene Zwergrasse. Sie zeichnen sich durch ihr schneeweißes, dichtes, weiches Fell aus. Ihre Augenfarbe ist entweder rot oder blau, wobei die Rotaugen zu den Albinos zählen. Der runde Kopf mit der breiten Stirn, die runden Augen und die kurzen, eng zusammenstehenden Öhrchen lassen sie sehr niedlich aussehen.

Was ist ein Rassezwergkaninchen?

Den Begriff „Zwergkaninchen" gibt es in der Rassezucht eigentlich gar nicht. Es ist ein umgangssprachlicher Begriff für alle kleinwüchsige Kaninchen.
Zu den anerkannten Zwergrassen zählen: Hermelinkaninchen, Farbenzwerge, Rex- und Fuchszwerge sowie die Widderzwerge.

Kunterbunte Farbenzwerge

Das Zuchtziel bei den Farbzwergen ist, so viele bunte Kaninchen vom Hermelintyp zu züchten wie möglich. Anerkannte Farbschläge sind: Schwarz, Grau, Blau, Rot, Havanna-, Feh-, Chinchilla-, Deilenaar-, Lux-, Perl-, Thüringer-, Silber-, Marder-, Siamesen-, Weißgrannen-, Hotot-, Loh-, Russen-, Holländer-, Japan- und Rhönfarbig.

Langhaarige Schönheiten

Das Rapunzel unter den Zwergkaninchen ist der langhaarige Fuchszwerg. Die Farbschläge weiß und havannafarbig sind bereits im Standard festgelegt, weitere Farben warten auf ihre Anerkennung. Im Gegensatz zu den Angora-Kaninchen braucht der Langhaar-Zwerg nicht geschoren zu werden. Das Tier haart ganz normal und sieht mit seinem längeren Fell wie ein Plüschtier aus.

Teddyzwerge

Die Teddyzwerge sind zwar noch nicht anerkannt, zählen aber schon zu den „Liebhaberrassen". Sie zeichnen sich durch besonders lange Haare am Kopf aus. Die Langhaarrassen müsen regelmäßig gebürstet werden.

Widder – Kaninchen mit Schlappohren

Widderzwerge erkennt man auf Anhieb an ihren Schlappohren, auf Kaninchenzüchterdeutsch Behang genannt. Schon bei der Geburt sind die Ohren länger als bei anderen Kaninchenrassen und hängen seitlich am Kopf herunter. Am Ohrenansatz hat das Kaninchen stark ausgeprägte, dicht zusammenliegende Wülste (Kronen), die zusammen mit der Ramsnase den typischen Widderkopf ausmachen.

Die Widderzwerge werden in allen Farben wie die Farbzwerge gezüchtet. Wenn Sie Widderzwerge kaufen möchten, sollten Sie auf die Zwergkaninchenmerkmale achten und sich vergewissern, dass es sich nicht um Jungtiere größerer Schläge handelt.

Rassen von links nach rechts:
1. Satinzwerg
2. Löwenkopfzwerg
3. Löwenkopfwidder
4. Dalmatiner Rex
5. Rexzwergwidder

Ein Fell wie Samt und Seide – Rexzwerge

Rexzwerge sind ganz besonders hübsche Vertreter der Zwergkaninchen. Ihr Fell ist sehr kurz (14 bis 17 mm), sehr dicht und die Haare stehen fast senkrecht ab. Dadurch fühlt sich das Fell ganz weich an, eben fast wie Samt und Seide. Auch Rexzwerge gibt es in den verschiedensten Farben.

Flauschig-weich – Angorazwerge

Inzwischen gibt es auch schon zwergwüchsige Angorakaninchen. Sie sind zwar sehr flauschig und hübsch, müssen aber regelmäßig geschoren werden. Da die Schur sehr aufwendig ist und Fachwissen erfordert, sollten Sie lieber auf Angoras verzichten und sich nach anderen Rassen umsehen.

Ein guter Start

Vertrauen von Anfang an

Kaninchen sind tolle Gefährten. Wenn man sich viel mit ihnen beschäftigt, werden sie zu anhänglichen Kumpanen.

Lieblingstier Nummer 1

Zwergkaninchen zählen neben Hund, Katze und Meerschweinchen zu den absoluten Lieblingstieren. Kein Wunder, denn sie sind klein, weich und kuschelig; niedlich, freundlich und sauber, und sie lassen sich auch gut in der Wohnung halten.

Die Zwerge können tolle Freunde sein, gerade für Kinder. Sie hören geduldig zu, verraten keine Geheimnisse und freuen sich, wenn sie nach der Schule aus dem Käfig dürfen. Doch bevor es so weit ist, sollten Sie noch ein paar Dinge bedenken und planen, damit sich Ihre Kaninchen rundum wohl bei Ihnen fühlen.

Kaninchen halten erlaubt

Im Gegensatz zu Hund oder Katze brauchen Sie keine gesonderte Erlaubnis von Ihrem Vermieter einzuholen. Kaninchen gehören zum „vertragsgemäßen Gebrauch" der Wohnung, solange es nur wenige sind und die Mitbewohner nicht belästigt werden, beispielsweise durch den Geruch. Wurden im Mietvertrag allerdings bestimmte Klauseln bezüglich der Haustierhaltung festgelegt, so sind diese zu berücksichtigen.

Klären Sie mit Ihrem Vermieter ab, ob Sie auch den Garten, sofern vorhanden, zum Freilauf für Ihre Kaninchen nutzen dürfen.

Test

Sind Sie Kaninchen-fit?

Die folgenden Fragen sollten Sie in Ruhe bedenken und nach bestem Wissen und Gewissen beantworten.

- [ ] **Habe ich genügend Zeit und bin ich bereit, Tag für Tag für die Kaninchen zu sorgen und das ihr Leben lang? (Kaninchen können 10 bis 12 Jahre alt werden.)**

- [ ] **Habe ich genügend Platz in der Wohnung für einen großen Käfig und ein Stückchen Rasen, um ihnen auch draußen Freilauf zu gewähren?**

- [ ] **Bin ich bereit, für alle Kosten aufzukommen, nicht nur für das Futter und die Streu, sondern auch für die anfallenden Tierarztbesuche?**

- [ ] **Reagiert keins der Familienmitglieder allergisch auf die Tierhaare?**

- [ ] **Habe ich Freunde oder Bekannte, die sich während meines Urlaubs gern um die Zwerge kümmern und diese versorgen?**

Haben Sie alle Fragen mit „Ja" beantwortet? Prima, dann sind Sie reif für die Kaninchen.

Kinder- oder Elterntraum?

Viele Kinder wünschen sich sehnlichst Kaninchen. Sie auch, liebe Eltern? Denn darüber sollten Sie sich im Klaren sein: Die meisten Kinder sind anfangs Feuer und Flamme, doch oft erlischt die Begeisterung und die Versorgung der Zwerge bleibt Ihnen überlassen. Und da die Kaninchen auch ein Recht auf Zuwendung und Beschäftigung haben, ist es mit schnell füttern und ab und zu ausmisten nicht getan.

Einstiegsalter für Kaninchenhalter

Wenn Sie Ihren Kindern ermöglichen, Zwergkaninchen zu halten, sollten die Kids ungefähr 10 Jahre alt sein. Mit Ihrer Hilfe und Anleitung können sie sich um die Zwerge kümmern. Zeigen Sie ihnen, wie man Kaninchen hochhebt und erklären Sie den Kindern, was Kaninchen mögen und was nicht, damit die Zwerge keine Angst bekommen und Zutrauen fassen können.

Nicht ohne einen Kumpel

Herzlichen Glückwunsch, wenn Sie sich zum Kauf eines Kaninchens entschieden haben. Doch an dieser Stelle würden wir Ihnen lieber zweimal gratulieren. Kaninchen sind sehr soziale Tiere und leben gar nicht gern allein. Daher möchten wir Ihnen nahelegen, mindestens zwei Tiere zu kaufen und zu halten. Geben Sie Ihnen die Möglichkeit, sich auf Kaninchenart mit Artgenossen auszutauschen, gemeinsam zu buddeln, zu spielen und um die Wette zu flitzen oder sich aneinander zu kuscheln und zu warten, bis ein Mensch Zeit für sie findet. Welche Kaninchen am besten miteinander auskommen, erfahren Sie auf Seite 16.

Kindertraum Zwergkaninchen. Welches Kinderherz kann da schon widerstehen?

Kaninchen sind sehr gesellig und wollen nicht alleine leben. Halten Sie daher immer zwei oder mehrere Tiere.

Nimm zwei

Die optimale Kaninchen-WG

Kaninchen sind sehr soziale Rudeltiere und fühlen sch nur unter Artgenossen wohl. Für alle Zwergkaninchen-Fans heißt das: Es müssen immer mindestens zwei sein! Die Haltung eines einzelnen Tieres ist nicht artgerecht. Auch bei liebevollster Pflege kann der Mensch nie einen Artgenossen ersetzen.

Wer passt zu wem?

Um zwei oder mehrere Tiere zusammen zu halten, ist es nicht ausschlaggebend, ob die Kaninchen zusammen aufgewachsen sind. Es kommt vielmehr auf ihren Charakter an, ob es ein Männchen (Rammler) oder Weibchen (Häsin) ist, auf ihr Alter und ob sie richtig miteinander vergesellschaftet wurden. Wenn Sie zwei Kaninchen aus dem gleichen Wurf aufnehmen, ist es allerdings wesentlich einfacher, da sich die beiden von klein auf kennen und aneinander gewöhnt sind und somit der Schritt der Vergesellschaftung entfällt.

Am besten verstehen sich ein kastrierter Rammler und eine Häsin. Bei dieser Kombination entwickelt sich oft eine große „Kaninchenliebe“.

Häsin und kastrierter Rammler

Die erfolgreichste Kombination in der Kaninchenhaltung ist eine Häsin und ein kastrierter Rammler. Kastrierte Kaninchenmänner sind sehr friedlich, oftmals auch friedlicher als unkastrierte Häsinnen. Für Kaninchenneulinge ist ein solches Duo sehr zu empfehlen.

Häsin und Häsin

Von zwei Häsinnen sollten Sie lieber Abstand nehmen, da die Weibchen recht giftig und aggressiv miteinander umgehen. Es kommt immer wieder zu Streitigkeiten zwischen den beiden. Wenn ein kastrierter Rammler in ihrer Mitte lebt, funktioniert es schon wieder besser. Er schlichtet die Streitereien und geht selbst nicht auf die Angriffe der Häsinnen ein.

Rammler und Rammler

Entgegen verbreiteter Vorurteile vertragen sich auch zwei oder mehrere Rammler recht gut. Allerdings müssen alle Jungs vor dem Eintreten der Geschlechtsreife (mit ca. 12 Wochen) kastriert werden.

Zwei oder mehrere Kaninchen vergesellschaften

Wenn Sie bisher nur ein Kaninchen gehalten haben und ihm einen Partner hinzugesellen wollen, müssen Sie wohl überlegt und schrittweise vorgehen. Setzen Sie den Neuling auf gar keinen Fall einfach in den Käfig zum „alten" Kaninchen, denn dann fliegen die Fetzen und es gibt „Mord und Totschlag". Das bedeutet nicht, dass Ihr Kaninchen keine Gesellschaft mag, doch unter Kaninchen gilt das Eindringen eines fremden Tieres in das Territorium als große Unverschämtheit, die man sich nicht gefallen lassen kann.

So funktioniert es richtig:

1. Für die Vergesellschaftung benötigen Sie einen neutralen Raum, also ein Zimmer, in dem sich noch keines der Kaninchen aufgehalten hat.
2. Stellen Sie mehrere Häuschen (das können auch Kartons sein) auf, die einen Ein- und einen Ausgang haben. Verteilen Sie an verschiedenen Stellen Heu, Wasser und Futter.
3. Jetzt werden die beiden gleichzeitig in den Raum gesetzt. Sicherlich erkunden sie erst die neue Umgebung. Ist das geschehen, wird die Rangordnung festgelegt. Dabei ist gegenseitiges Rammeln, Jagen und Fell ausrupfen ganz normal und sieht für den Menschen schlimmer aus, als es ist. Wenn sich die beiden ineinander verbeißen, müssen Sie einschreiten und die Tiere trennen.
4. Sobald die Kaninchen gemeinsam fressen oder sogar miteinander kuscheln, ist die Vergesellschaftung geglückt. Nun können Sie die beiden in ein gemeinsames Gehege setzen, das zuvor vollständig gereinigt und umdekoriert wurde.

Ist genügend Platz vorhanden, können Sie auch mehrere Kaninchen halten.

Kaninchen und Meerschweinchen können gemeinsam freilaufen, doch sie sollten einen Artgenossen haben und in getrennten Käfigen leben.

Zwergkaninchen und Meerschweinchen

Lange wurde empfohlen, ein Meerschweinchen und ein Zwergkaninchen zusammen zu halten. Doch das ist keine echte Gesellschaft, da die Tiere unterschiedliche Bedürfnisse haben und sich in Körpersprache und Sozialverhalten unterscheiden. Oft wird das Meerschweinchen vom Kaninchen bedrängt und zieht den Kürzeren. Sie, können Meerschweinchen und Kaninchen zusammen halten, wenn jedes Tier mindestens einen Artgenossen hat und genügend Platz vorhanden ist.

Schöner wohnen

Das ideale Kaninchenheim

Kaninchen brauchen Platz! Daher sehen Sie sich am besten nach dem größten Käfig um, damit Ihre Zwerge genügend Bewegungsfreiheit haben.

Nachdem Sie alles geplant und sich für die ideale Kaninchen-WG entschieden haben, können Sie es sicher kaum noch erwarten und würden am liebsten sofort losziehen, um endlich Ihre eigenen Zwerge zu kaufen. Doch vorher sollten Sie noch das Zwergkaninchenheim mit der kompletten Ausstattung besorgen und in Ruhe einrichten. So können die Tiere gleich einziehen und Sie haben genügend Zeit, sich ganz den Zwergen zu widmen.

Am besten das Größte

Wenn Sie eine Zoofachhandlung besuchen, werden Sie sehen: Kaninchenheime gibt es in Hülle und Fülle und in fast allen erdenklichen Formen und Farben. Und welches würde Ihren Kaninchen gefallen? Ganz klar: das Größte! Wählen Sie also das Nagerheim aus, das die größten Ausmaße aufweist. Mindestgröße für zwei Tiere: 1,45 x 0,80 m. Je mehr Tiere gehalten werden, umso größer muss der Stall sein!

Eingang vorne

Zwergkaninchen sind von Natur aus friedliche Fluchttiere. Sie reagieren – vor allem anfangs – scheu und schreckhaft und können leicht in Panik geraten, ganz besonders, wenn sich etwas Großes, Dunkles von oben nähert und auch noch nach ihnen greift. Das genetische Programm der Kaninchen meldet dann nämlich „Fressfeind! Nichts wie weg!" – auch wenn es nur Ihre Hand ist, die es streicheln will. Aus diesem Grund sollte der Ein- und Ausstieg des Käfigs an der Vorderseite liegen, so dass Sie immer von vorne und nie von oben nach den Tieren greifen können.

Aus zwei Teilen

Die meisten Zwergkaninchenheime bestehen aus zwei Teilen: einer Bodenschale aus Kunststoff mit möglichst hohem Rand – so fällt weniger Einstreu heraus – und dem Gitteraufsatz, der mit Klammern an der Schale befestigt wird. Das ist vor allem für die regelmäßige Reinigung sehr praktisch und das Oberteil kann auch für einen kurzfristigen Aufenthalt im Garten genutzt werden (siehe S. 60).

Kaninchen-Maisonette

Sehr empfehlenswert sind Kaninchen-Heime, die groß und hoch genug sind, um eine zweite Ebene einzuziehen (es gibt sie auch schon fertig zu kaufen), die die Tiere über eine kleine Rampe erreichen. So kann man ganz einfach die Grundfläche vergrößern und Platz schaffen für ein weiteres Schlafhäuschen und ein bisschen mehr Bewegungsfreiheit.

Seien Sie erfinderisch

Wenn Sie zu den Menschen gehören, die ein wenig handwerkliches Geschick mitbringen, können Sie Ihr Gehege auch selbst bauen. Im Internet finden

Füllen Sie reichlich Streu in das Kaninchengehege, damit der Untergrund weich und saugfähig ist. Kaninchen buddeln auch ganz gern in der Holzspäne.

Sie zahlreiche Bauanleitungen, die von miteinander verbundenen Zoofachhandelskäfigen über mehrstöckige Gehege mit mehreren Ebenen bis hin zu eigenen Kaninchenzimmern reichen. Lassen Sie sich inspirieren und seien Sie erfinderisch. Oberste Priorität: Der Eigenbau muss ausbruchssicher, frei von Verletzungsgefahren und gut zu reinigen sein.

Die Einstreu

Absolute Sauberkeit und Trockenheit sind sehr wichtig bei der Kaninchenhaltung. Deshalb muss die Einstreu sehr saugfähig und geruchsbindend sein. Verwenden Sie nur reine Naturprodukte ohne chemische Zusätze, die kompostierbar sind. Auf keinen Fall darf die Streu stauben (Schleimhautreizungen!) oder gar kleben (der Blinddarmkot könnte nicht aufgenommen werden und sie würde im längeren Fell hängen bleiben.)

Holzspäne und Strohpellets

Im Zoofachhandel werden grobe Holzspäne als sogenannte Kleintierstreu angeboten. Sie eignen sich sehr gut für Zwergkaninchen. Noch besser eignen sich Strohpellets. Sie wirken zwar etwas grob, werden aber nach kurzer Zeit zu einer weichen Schicht zertreten, die sehr saugfähig ist und auf der die Zwerge gut hoppeln und sitzen können. Da Kaninchen sehr reinlich sind, machen sie meistens in die gleiche Ecke, die man gut reinigen kann.

→ *Ungeeignete Einstreu*

Ausschließlich Heu ist als Einstreu nicht geeignet, da es auch im verschmutzten Zustand gefressen wird. Völlig ungeeignet, weil gesundheitsschädlich, sind Materialien wie Zeitungspapier, Sägemehl, feine Späne, klumpende Katzenstreu und Torf.

Praktisch einrichten

Von Häuschen, Napf und Co.

Das neue Zwergkaninchenheim steht bereit, ist mit Einstreu gut gefüllt – doch noch ist es recht nackt und kahl. Die folgenden Utensilien gehören hinein, damit es für die Zwerge wohnlich wird.

Rückzugsmöglichkeit Schlafhäuschen

Schlafhäuschen sind für Kaninchen ganz wichtig. Sie bieten ihnen auch Rückzugsmöglichkeit und Ausguck.

Kaninchen sind Höhlenbewohner und brauchen einen sicheren Unterschlupf. Hierzu stellt man für zwei Zwergkaninchen zwei Schlafhäuschen auf, damit jedes sein eigenes Rückzugsgebiet hat. Achten Sie darauf, dass die Häuschen groß genug, aus Holz und unten offen sind, damit kein feucht-warmes Klima entsteht. Zudem sollten die Häuschen mit einem Ein- und einem Ausgang ausgestattet sein, damit sich die rangniederen Tiere rechtzeitig verdrücken können, wenn der ranghöhere das Häuschen für sich beansprucht. Fenster sehen ganz nett aus, doch die ausgewachsenen Zwerge dürfen nicht darin stecken bleiben. Zu guter Letzt sind Häuschen mit Flachdach zu empfehlen. Kaninchen sitzen gern erhöht und beobachten ihre Umgebung.

Tischlein deck dich – Futternapf und Heuraufe

Kaufen Sie am besten zwei Futternäpfe, einen kleineren für Trockenfutter und einen größeren für Frischfutter. Die Näpfe sollten schwer sein und gut stehen, damit sie nicht umgeworfen werden, und so groß, dass zwei Kaninchen gleichzeitig daraus fressen können. Heu brauchen Kaninchen rund um die Uhr. Sie können es entweder lose in den Käfig legen oder in eine Heuraufe tun, damit es nicht verschmutzt. Es gibt Raufen zum Aufstellen oder zum Einhängen und welche mit Deckel, damit die Kaninchen nicht hineinhüpfen.

Kaninchenbar – Wassernapf oder Trinkflasche

Zwergkaninchen sollten jederzeit frisches Wasser zur freien Verfügung haben. Das können Sie entweder in einem Wassernapf oder in einer Trinkflasche anbieten.

Die Trinkflasche

Die Trinkflasche hat den Vorteil, dass das Wasser nicht so schnell verschmutzt. Gegen die Flasche spricht, dass manche Tiere trotz dauerhaften Nuckelns nicht genügend Wasser herausbekommen. Außerdem ist es unbedingt nötig, täglich das Wasser zu wechseln – egal wie voll die Flasche ist – und diese dabei auch jedes Mal gründlich zu reinigen. Sonst können sich Algen bilden, die für die Tiere sehr ungesund sind.

Der Wassernapf

Ein Wassernapf – er sollte wie der Futternapf standfest und gut zu reinigen sein – entspricht eher der natürlichen Kopfhaltung der Zwerge beim Trinken. Damit er nicht ganz so schnell verschmutzt, können sie ihn auf einen Ziegelstein oder, wenn vorhanden, auf die zweite Ebene des Käfigs stellen.

Tipp

Flasche oder Napf?

Wenn Sie Ihre Tiere noch nicht so gut kennen, lassen Sie sie selbst wählen: Bieten Sie das Wasser einige Tage sowohl in der Flasche als auch im Napf an und beobachten Sie, wo sich die Kaninchen häufiger bedienen.

→ Der richtige Standort

Wo soll er nun stehen, der fertig eingerichtete Kaninchenkäfig? Suche Sie einen Platz, an dem es hell ist, der aber weder der direkten Sonne noch Zugluft ausgesetzt ist. Ungeeignet ist eine Stelle mit ständigem „Durchgangsverkehr", suchen Sie daher eine etwas ruhigere, aber auch nicht die hinterste Ecke – Zwergkaninchen mögen Familienanschluss. Und weil sich Zwergkaninchen von allem bedroht fühlen, was von oben kommt, sollten Sie den Käfig auf einen Tisch oder eine Kommode stellen.

Weniger ist mehr

Neben der notwendigen Grundausstattung gibt es noch eine Vielzahl an „Kaninchen-Mobiliar", mit dem man den Käfig aufpeppen kann: Weidebrücken, Korkröhren, Unterschlupfe, Rampen, etc.

Gehen Sie hier nach dem Prinzip „weniger ist mehr" vor, denn all diese Dinge brauchen Platz und wenn der Käfig zu vollgestellt ist, haben die Kaninchen keine Möglichkeit mehr, sich die Beine zu vertreten und ein paar Sprünge zu hoppeln. Geben Sie am besten immer nur ein bis zwei Teile in den Käfig und tauschen Sie diese immer wieder aus. Das sorgt für Abwechslung. Einen Teil können Sie auch im Auslauf aufstellen.

Korkröhren sind ideale Tunnel für Kaninchen.

Richtig aussuchen

Gesunde Zwergkaninchen finden

Gesunde Kaninchen finden Sie in einer guten Zoofachhandlung, beim Züchter oder bei Tierschutzorganisationen.

Der eine verliebt sich auf den ersten Blick in den bunt gescheckten Zwerg. Der andere hätte doch lieber ein einfarbiges mit Schlappohren. Egal, wie Ihre Zwergkaninchen aussehen sollen, das Wichtigste ist: Gesund müssen sie sein!

Wo gibt es Zwergkaninchen?

Es gibt mehrere Möglichkeiten, wo man die Zwerge bekommen kann. Zum einen bietet fast jede Zoofachhandlung Kaninchen unterschiedlicher Farben und Fellarten an. Zum anderen bekommen Sie beim Züchter Zwergkaninchen – hier sind es oft sogar Rassetiere, die abgegeben werden. Vielleicht haben Nachbarn oder Freunde unerwarteten Kaninchen-Nachwuchs bekommen, der eine neue Bleibe sucht. Und auch in Tierheimen und bei Tierschutzorganisationen warten viele süße Zwerge auf ein neues, liebevolles Zuhause. Schauen Sie sich in Ruhe um!

Weibchen und Männchen getrennt

Achten Sie beim Kauf darauf, dass die Tiere nach Geschlechtern getrennt gehalten werden. Sonst ist die Wahrscheinlichkeit hoch, dass Sie eine trächtige Häsin mit nach Hause nehmen – und damit bald eine ganze Kaninchenkolonie beherbergen. In Tierschutzorganisationen werden die Rammler übrigens gleich kastriert, um unerwünschtem Nachwuchs vorzubeugen.

Gesunde Kaninchen sind lebhaft und neugierig, haben ein glänzendes, dichtes Fell und glänzende Augen.

Nicht zu jung

Die jungen Zwergkaninchen sollten mindestens acht Wochen alt sein, bevor sie in ihr neues Zuhause übersiedeln. Ab diesem Alter sind sie futterfest – das heißt, sie können alles fressen und vertragen es auch – und sie konnten auch ihr Sozialverhalten entwickeln. Jüngere Tiere sollten Sie nicht zu sich nehmen, da die Gefahr, dass sie erkranken, viel höher ist.

Machen Sie den Gesundheits-Check

Egal wo Sie Ihre Zwerge erstehen, bevor Sie sie mit nach Hause nehmen, sollten Sie sie ausführlich unter die Lupe nehmen. Die Checkliste rechts wird Ihnen helfen, ein gesundes von einem kranken Kaninchen zu unterscheiden.

Umzug ins neue Zuhause

Für den Nachhauseweg kommen die Zwergkaninchen in eine spezielle Transportbox. In ihr ist es dunkel, damit die Tiere den Heimweg ohne Panik überstehen. Fahren Sie ohne Umwege nach Hause und achten Sie darauf, dass es weder zu heiß noch zu kalt ist oder die Tiere Zugluft abbekommen.

Gesunde Zwergkaninchen

- → werden sauber, großzügig und nach Geschlechtern getrennt gehalten. Ihnen stehen Versteckmöglichkeiten, Heu und Wasser zur Verfügung.
- → haben einen kompakten, walzenförmigen Körper und sind weder zu dick noch zu dünn.
- → sind mindestens 8 Wochen alt.
- → haben klare, lebhaft glänzende Augen, die weder tränen noch entzündet sind. Die Lidränder sind weder verkrustet, verklebt noch geschwollen.
- → haben ein trockenes Näschen. Auch Ohren und Lippen sind trocken, sauber und frei von Verkrustungen.
- → haben ein Gebiss ohne Anomalien. Die Schneidezähne stehen gerade aufeinander und sind horizontal gleichmäßig abgenutzt.
- → haben ein glänzendes, dichtes Fell ohne Parasiten. Auch die Haut darunter weist keine Pusteln auf und das Tier hat keinen Juckreiz.
- → sind weder aufgebläht noch haben sie einen harten Bauch.
- → sind am Po sauber und ohne Verklebungen. Sie dürfen keinen Durchfall haben.
- → riechen nach frischem Heu und sauberer Einstreu.
- → haben saubere Sohlen, die nicht verkrustet sind.
- → sind wach, lebhaft und neugierig. Das Schwänzchen zeigt gerade nach oben.
- → haben einen ausgeprägten Appetit.
- → bewegen sich flink, locker,ohne zu hinken oder zu lahmen.

Für **KIDS**

So wirst Du ihr bester Freund!

Was Du tun kannst, damit sich Deine Kaninchen bei Dir wohl fühlen

Endlich hast Du zwei Kaninchen! Sicher möchtest Du sie am liebsten gleich auf den Arm nehmen und all Deinen Freunden zeigen, doch für die Kaninchen ist noch alles ganz neu und sie brauchen etwas Zeit, um Dich und ihr neues Zuhause kennen zu lernen.

Gib Deinen Kaninchen Zeit

Setz Dich einfach vor den Käfig und schau den Kaninchen zu. Kannst Du schon die Kaninchensprache? Was machen die kleinen Hoppler den ganzen Tag? Damit sich die kleinen „Angsthasen“ nicht erschrecken, bewegst Du Dich am besten langsam und vorsichtig und sprichst mit leiser, beruhigender Stimme mit ihnen.

Kleine Geschenke erhalten die Freundschaft

Nach ein paar Tagen kennen sie Dich sicher schon und verstecken sich nicht, wenn sie Dich sehen und hören. Jetzt kannst Du den Zwergen vorsichtig ein Sträußchen Petersilie oder eine Möhre hinhalten. Warte geduldig, bis ihre Neugier siegt. Glaub mir, früher oder später werden sie kommen, um zu sehen, was Du Tolles hast.

So fressen sie Dir aus der Hand

Es kann einige Tage oder sogar Wochen dauern, aber jetzt wissen sie, dass Du der nette Kerl bist, der ihnen Leckerbissen bringt. Wenn die Zwerge voller Vertrauen aus Deiner Hand fressen, kannst Du vorsichtig versuchen, sie am Köpfchen zu kraulen. Neigt das Kaninchen den Kopf und hält ganz still, ist das ein gutes Zeichen. Dann wird es gern gestreichelt.

Nimm es auf den Arm

Kennt Ihr Euch gut genug, kannst Du das Kaninchen vorsichtig auf den Arm nehmen. Dazu streichelst Du erst über die Ohren, greifst dann mit der rechten Hand in das Nackenfell hinter den Ohren und hebst es vorsichtig hoch. Mit der linken Hand unterstützt Du den Po des Kaninchens. Manche Kaninchen können ganz schön zappeln. Halte es gut fest, ohne zu zwicken, und lass es nicht fallen.

Hab Geduld

Ganz wichtig ist, dass Du geduldig bist und nicht plötzlich nach den Kaninchen greifst. Sonst bekommen sie Angst vor Dir. Lege Dich einfach mal in ihren Auslauf und lasse sie auf Dir herumklettern.

Freundliche Begrüßung

Deine Kaninchen werden sich schon bald freuen, wenn sie Dich sehen. Manche hoppeln sogar hinter ihren Menschen her und lernen tolle Tricks. Wenn Du sie niemals zwingst und vorsichtig mit ihnen umgehst, wirst Du sicher ihr bester Freund.

Auf einen Blick

Grundausstattung für Kaninchen

Einkaufs-Checkliste

- Transportbox
- großer Kaninchenkäfig
- Einstreu
- Schlafhäuschen
- Futternäpfe
- Wassernapf oder Tränke
- Heuraufe
- Kaninchentoilette für den Freilauf
- Kaninchenmobiliar wie Korkröhren, Weidebrücken oder ähnliches

- Futter und Leckerchen (frisches Heu, Obst und Gemüse, evtl. etwas Trockenfutter)

Auch das kann nötig sein

- Sicherungen für den Balkon
- Absperrung für den Freilauf

Wohnen

Zwergkaninchen wohnen am liebsten im größten Käfig, der mit einer dicken Schicht frischer Kleintierstreu gefüllt ist. Am praktischsten ist es, wenn der Käfig aus einer Bodenwanne aus Kunststoff und einem abnehmbaren, quer verdrahteten Oberteil besteht. Hier können sie buddeln und umherflitzen. Wenn die Eingangstür an der Vorderseite ist und eine kleine Rampe in den dauerhaften Freilauf (eine eigens für Kaninchen abgetrennte Zimmerecke) führt, haben sie genügend Platz, um herumzutollen.

Schlafen

Ein Häuschen gefällig? Ja, und zwar eins pro Tier, aus Holz, mit einem Ein- und einem Ausgang. Kaninchen mögen es gern dunkel und geschützt, darin fühlen sie sich sicher und

geborgen. Und groß muss es sein, damit sie sich gemütlich ausstrecken können. Das Kaninchen-Traumhaus ist übrigens eine Flachdachvilla mit Dachterrasse. Denn die Zwerge sitzen auch gern auf dem Dach und beobachten ihre Umgebung.

Fressen

Kaninchen haben immer Hunger, doch nicht die besten Tischmanieren. Sie brauchen zwei schwere Futternäpfe und einen Wassernapf (oder eine Tränke), die gut stehen, denn es kann durchaus passieren, dass die Zwerge quer durch ihr Essen hoppeln. Das Heu füllen Sie am besten in eine Heuraufe, denn sonst wird nicht nur daran geknabbert, sondern darauf herumgehüpft, darin gebuddelt, geschlafen und auch mal hineingeköddelt.

Toilette

Kaninchen sind sehr reinlich und machen am liebsten nur in eine Ecke. Daher lernen sie auch schnell, stubenrein zu werden. Sie können ihnen also eine eigene Kaninchentoilette in den Freilauf stellen.

Spielen

Nicht alle Zwerge stehen auf Ballspiele, doch fast alle lassen sich von Tunneln und Röhren begeistern. Wie wär's mit einer Korkröhre oder einem Tonrohr? Auch Weidenbrücken oder dicke Äste eignen sich zum Drauf- und Drüberklettern. Doch stellen Sie das Gehege nicht zu voll, damit noch Platz zum Hoppeln bleibt.

Sicher mitfahren

Kaufen Sie eine Transportbox für Kaninchen. Es lohnt sich, denn Sie müssen die Mümmelmänner nicht nur nach Hause bringen, sondern auch ab und zu mal zum Tierarzt fahren. In den Boxen sind sie sicher aufgehoben und können sich auch nicht hindurchnagen.

Putzen

Kaninchen putzen sich oft. Bei kurzhaarigen Exemplaren reicht das auch voll und ganz, bei langhaarigen müssen Sie regelmäßig mit einer weichen Bürste einschreiten, damit das Fell nicht verfilzt.

2

Ernähren und pflegen

Liebe geht durch den Magen

Zwergkaninchen gesund ernähren

Was tun Zwergkaninchen am liebsten? Knabbern, naschen, futtern, nagen! Und damit das Ihren kleinen Nimmersatts gut bekommt, erfahren Sie einiges über die Kaninchenfütterung.

Ein abwechslungsreicher Speiseplan

Wildkaninchen bedienen sich an einem reich gedeckten Tisch: Sie mümmeln jede Form von frischem Grün, aber auch Raues wie vertrocknete Gräser oder Blätter, Knospen, Rinden und Zweige, Wurzeln und Samen. Instinktiv bedienen sie sich auch aus der „Naturapotheke" und fressen Kräuter, die die natürlichen Abwehrkräfte des Körpers stärken. Diese Vorlieben haben auch unsere Zwergkaninchen. Also: Sorgen Sie immer für Abwechslung.

Kaninchen nehmen bis zu 80 Mahlzeiten am Tag zu sich – meist Heu. Das brauchen sie, um ihre Verdauung anzukurbeln und die Zähne abzunutzen.

Für Nachschub sorgen

Um gesund zu bleiben, müssen Zwergkaninchen ständig fressen. Über den Tag hinweg mümmeln sie bis zu 80 Mahlzeiten in sich hinein! Sie sind nicht etwa besonders verfressen. Zwergkaninchen besitzen einen so genannten Stopfdarm, in dem der Nahrungsbrei nicht wie bei uns durch Darmbewegungen vorwärts transportiert wird. Ihr Verdauungssystem braucht einen steten Futternachschub, damit der Darminhalt weitergeschoben wird. Oder anders gesagt: Nur wenn vorne etwas hineingeht, kommt hinten etwas heraus. Achten Sie also unbedingt darauf, dass den Zwergen immer Futter – am besten in Form von Heu – zur Verfügung steht. Wenn die Kaninchen zu hungrig werden, fressen sie hastig, zu viel auf einmal und nicht stetig, wie es der Darm verlangt. Die Folge: Der Darminhalt bewegt sich kaum weiter, er gärt, fault, entwickelt Gase, und es kommt zu schweren Verdauungsstörungen.

Doppelte Verdauung

Vielleicht haben Sie schon beobachtet, dass Kaninchen ihren eigenen Kot fressen. Hindern Sie sie nicht daran! Das ist ganz und gar nicht eklig, sondern lebensnotwendig. Die Zwergkaninchen fressen auch nicht ihre relativ trockenen Kügelchen, ihre „normalen Ausscheidungsprodukte", sondern den so genannten Blinddarmkot (Vitaminkot).

Bild links: Zweige sind eine willkommene Abwechslung für Kaninchen und fördern den Zahnabrieb.

Kaninchen mümmeln ständig. Am besten Heu

Futterrecycling auf Kaninchenart

Der Vitaminkot entsteht durch bakterielle Gärungsvorgänge im Blinddarm. Nur dadurch sind die Kaninchen in der Lage, der eher schwer verdaulichen pflanzlichen Kost genügend Nährstoffe zu entziehen. Bei der zweiten Darmpassage wird der bereits aufgeschlossene Nahrungsbrei optimal ausgenutzt, dem Körper werden Eiweiße und Vitamine – v. a. B-Vitamine – zugeführt und die Darmflora aufgefrischt.

Nagen ist auch Zahnpflege

Kaninchen haben Zähne, die ihr Leben lang nachwachsen, in etwa so, wie unsere Fingernägel. Ein bis zwei Millimeter schafft ein Kaninchenzahn pro Woche, und damit ein altes Kaninchen keine Turbozähne bekommt, müssen sie sich immer abnutzen. Je länger Kaninchen mit dem Abbeißen, Kauen und Zermahlen der Nahrung beschäftigt sind, umso besser. Dabei kommt es gar nicht so sehr auf die Härte des Gefressenen an, sondern hauptsächlich auf das häufige Aneinanderreiben der Zähne.

Tipp

Fressen zum Zeitvertreib

Natürlich stillt das Fressen auch das Beschäftigungsbedürfnis der Zwergkaninchen. Damit sie dadurch nicht dick und rund werden, muss es das richtige Futter sein: sehr viel Heu, außerdem Obst und Gemüse. Und: Die beste Beschäftigung ist immer noch ausreichend Freilauf mit Kaninchenkumpels.

Leckeres für jeden Tag

Heu, Wasser, Stroh und Zweige

Heu: Kaninchen können es in rauen Mengen mümmeln oder sich einfach gemütlich hineinlegen.

Wie Sie bereits wissen, fressen Kaninchen ständig. Aber es muss auch das Richtige sein! Heu und Wasser sind die Grundnahrungsmittel, die durch Kräuter, Obst und Gemüse ergänzt werden.

Morgens, mittags, abends – Heu!

Heu ist das wichtigste Nahrungsmittel für Ihre Zwergkaninchen. Es enthält viele Ballaststoffe (Rohfasern), Mineralien und Spurenelemente, beim Kauen nutzen sich die Zähne ab und es darf in unbegrenzter Menge gefressen werden. Am besten verfüttern Sie 3-mal täglich Heu. Füllen Sie es in die Raufe oder verteilen Sie es lose im Käfig.

Daran erkennen Sie gutes Heu

- → Es enthält sichtbare Kräuter, viele Gräser mit Blättern, Blüten und Fruchtständen.
- → Die Stängel sind 20 bis 35 cm lang.
- → Es ist grün und nicht grau.
- → Das Heu duftet aromatisch nach Kräutern und Wiese, nicht muffig.
- → Es ist nicht schadstoffbelastet.
- → Es ist trocken, locker, staub- und schimmelfrei.

Immer allerbestes Heu

Die Qualität des Heus richtet sich danach, wie viele Arten von Wiesenkräutern enthalten sind, auf welchem Boden diese wuchsen, wann es geschnitten, wie es getrocknet und verpackt wurde. Schlechtes Heu ist grau, muffig, klebt zusammen oder staubt und weist Schimmelsporen auf. Es ist sein Geld nicht wert und kann den Zwergen sogar schaden, weil es zu schweren Verdauungsstörungen führen kann.

Nebenbei geknabbert – Stroh

Stroh dient eigentlich als Einstreu, doch die Mümmelmänner knabbern gern daran. Stroh ist auch recht ballaststoffreich, beschäftigt die Tiere und dient als Zahnpflege, doch es enthält nur wenige Nährstoffe.

Wasser – Durstlöscher Nummer 1

Auch wenn Ihre Zwerge viel saftiges Futter bekommen, brauchen sie frisches Wasser. Reinigen Sie ein- bis zweimal am Tag den Wassernapf oder die Nippeltränke (siehe S. 20) und füllen Sie das Gefäß mit frischem Leitungswasser.
Kaninchen mögen und brauchen übrigens nur Wasser. Milch, Saft oder destilliertes Wasser ist nichts für sie und schadet nur der Gesundheit.

Frische Zweige

Frische Zweige gehören ebenfalls auf den Speiseplan der Zwergkaninchen und sind äußerst beliebt. Und Sie schlagen gleich zwei Fliegen mit einer Klappe: Sinnvolle Beschäftigung und wertvolle Inhaltsstoffe! Denn Ihre Zwerge werden Blätter oder Knospen abnagen, die Rinde schälen und das Holz zerschreddern. Nebenbei nutzen sie ihre Zähne ab und nehmen Ballast- und Gerbstoffe sowie pflanzliche Öle auf. Gut geeignet ist Schnittgut von Obstbäumen (Apfel und Birne), Haselnuss, Buchen, Pappeln, Erlen und Weiden – wenn es nicht gespritzt wurde.

Frische Zweige enthalten wertvolle Inhaltsstoffe und beschäftigen die Kaninchen. Sie können auch Zweige und Heu kombinieren – Knabberspaß mit Versteckmöglichkeit.

Tipp

Löwenanteil Raufutter

Heu und Stroh, aber auch Zweige, bezeichnet man übrigens als Raufutter. 80 % der Kaninchennahrung wird über Raufutter abgedeckt, vor allem durch Heu.

Her mit dem jungen Gemüse!

Vitaminreiches Grünzeug

Pflanzen Sie ein paar Kräuter und Gräser an und überraschen Sie Ihre Zwerge auch im Winter mit frischem Grün!

Um den Speiseplan aufzupeppen und Abwechslung in den Napf zu bringen, freuen sich die Kaninchen über frisches Gemüse und würzige Kräuter.

Grün, grün, grün sind alle meine Kräuter

Natürlich, wertvoll, gesund und von besonderem Reiz ist alles Grüne. Kräuter enthalten viele Vitamine und Mineralstoffe und wirken gesundheitsfördernd. Der Grünfutteranteil kann pro Tag 100 g pro Kilogramm Körpergewicht betragen. Sind die Kaninchen an frisches Gras gewöhnt, darf es davon auch gern ein bisschen mehr sein.

Saftfutter wie Gemüse, Gräser und Kräuter sorgen für willkommene und vitaminreiche Abwechslung.

Kräuter selbst sammeln

Geeignete Wildkräuter wachsen nahezu überall. Am besten pflücken Sie sie von unbewirtschafteten Wiesen, die sich durch einen artenreichen Bestand auszeichnen, auf Grünflächen und in Gärten, die nicht mit Pflanzenschutzmitteln behandelt wurden. Pflanzen an Böschungen viel befahrener Straßen, Bahndämmen, auf Hundewiesen oder an den Rändern gespritzter und gedüngter Felder lassen Sie lieber stehen. Pflücken Sie trockene Pflanzen und nur so viel, wie Ihre Kaninchen an einem Tag verputzen. Die Kräuter werden luftig und kühl transportiert, damit sie nicht welken. Verfüttern Sie das Grünzeug möglichst sofort und entfernen Sie nicht gefressene Reste nach einem halben Tag aus dem Käfig.

Kräutergarten auf der Fensterbank

Frische Kräuter auch im Winter? Ihre Zwerge werden begeistert sein. Wenn Sie Lust zum „Gärtnern“ haben, ziehen Sie doch einfach ein paar Pflänzchen auf der Fensterbank. Kaufen Sie Saatmischungen wie Petersilie, Salbei oder Dill bei einem Gartenhandel oder spezielle Kräutermischungen aus dem Zoofachhandel.

Eine Schale mit feuchter Erde, die Samen ausgesät und angedrückt und auf die Fensterbank gestellt. Nun brauchen Sie die Erde immer nur schön feucht zu halten und schon wächst es von ganz allein. Die Küchenkräuter schnurpseln nicht nur die Kaninchen weg, Sie können sicher auch ein Blättchen für Ihr Essen abzweigen.

→ Das mögen Ihre Zwergkaninchen am liebsten

Kräuter

Beifuß
Beinwell
Brennnesselblätter
Dill
Gräser mit Rispen
Huflattich
Junge Giersch- und
Schafgarbe
Kamille
Liebstöckel
Löwenzahn
Luzerne
Melisse
Petersilie
Pfefferminze
Ringelblume
Salbei
Wegerich

Gemüse

Blätter von Maiskolben
Brokkoli
Chicoree
Endivien (nur wenig)
Fenchel
Gurke (nur wenig)
Kohlrabiblätter
Möhren mit und ohne Kraut
Paprika
Sellerie
Steckrübe
Topinambur

Wenn Sie keine Lust oder keine Zeit haben oder nicht so lange warten wollen, können Sie Ihren Zwergen auch ein Töpfchen Katzengras besorgen. Das bekommen Sie im Zoofachhandel oder in jedem beliebigen Gartenmarkt. Dort gibt es Blumentöpfchen mit Kräutern.

Was mögen Ihre Kaninchen am liebsten? Probieren Sie es einfach aus, indem Sie verschiedene Gemüse anbieten und beobachten, was Ihre Kaninchen zuerst aus dem Napf angeln.

Lass knacken: leckeres Gemüse

Kaninchen lieben knackig-frisches Gemüse. Vorher kurz waschen, abtrocknen und ab in den Käfig. Damit es nicht zu langweilig wird, können Sie das Gemüse im Käfig verstecken oder am Gitter aufhängen. Auch hier gilt, was nicht innerhalb eines halben Tages verputzt wird, muss in die Biotonne.

Tipp

Futterumstellung

Nehmen Sie eine Futterumstellung langsam und schrittweise vor. Bieten Sie von neuen Futterarten zuerst immer nur wenige Blättchen oder Stückchen an und steigern Sie die Menge langsam. Auch bei frischem Gras nach dem Winter! Auch hier gilt: Zuerst gibt es Heu für die Zwerge, dann das frische Grün.

Beerenstark

Fruchtcocktail für fitte Zwerge

Obst bereichert den Speiseplan. Besonders bekömmlich und gesundheitsfördernd ist ein Stückchen Apfel.

Die Hauptmahlzeit der Kaninchen besteht aus Heu, Gras und Kräutern, knackigem Gemüse und Knabberzweigen. Doch als besonderes Leckerchen freuen sie sich ab und zu auch über frisches Obst.

An apple a day ...

... keeps the doctor away. Dieses englische Sprichwort trifft auch für Kaninchen zu. Äpfel sollen nämlich eine verdauungsfördernde Wirkung haben und Darmproblemen vorbeugen. Bieten Sie Ihren Zwergen täglich einen Apfelschnitz ohne Kerngehäuse an. Andere Obstsorten, z. B. Melone, werden gern gefressen, sollten aber nur alle paar Tage in kleinen Mengen angeboten werden, da sie viel Zucker enthalten.

Kleines Vitamin-C-Bömbchen

Hagebutten, frisch oder getrocknet, enthalten sehr viel Vitamin C. Ihre Mümmelmänner freuen sich hin und wieder über den gesunden Leckerbissen.

Obst für besondere Anlässe

Wie schon erwähnt, sind die meisten Früchte recht zuckerhaltig, doch Sie können Ihren Kaninchen alle 2–3 Tage ein kleines Stückchen zustecken. Beliebt sind ein Stückchen Birne ohne Kerne, eine Erdbeere, eine Johannis- bzw. Brombeere oder ein Stückchen Melone (selten). Manche Kaninchen sind auch ganz verrückt auf Bananen, doch diese sind sehr zuckerhaltig und können zu Verstopfung führen.

Küchentipps für Kaninchenhalter

- → Näpfe täglich reinigen
- → Frisches Heu und sauberes Wasser müssen immer zur Verfügung stehen
- → Immer so abwechslungsreich wie möglich füttern
- → Auf jede neue Futtersorte langsam in kleinen Mengen einstimmen
- → Saftfutter (Obst, Gemüse und frisches Grünzeug) nur frisch, gewaschen und abgetrocknet anbieten. Kerngehäuse vorher entfernen. Reste spätestens nach einem halben Tag entfernen.
- → Nichts Kaltes aus dem Kühlschrank füttern.
- → Ungeeignet sind Kohl (bläht), Salat (oft überdüngt), altes Brot. Auch Joghurtdrops sind nichts für Kaninchen!
  Die darin enthaltenen Milch- und Zuckeranteile schaden den Mümmelmännern nur.

Gerecht geteilt

Teilen Sie das Obst mit Ihren Kaninchen: Sie bekommen die Frucht, die Kaninchen das Laub. Himbeer- und Brombeerblätter, Heidelbeerzweige und -laub oder Erdbeerblättchen werden gern gemümmelt.

Trockenfutter

Wenn Sie Ihre Zwergkaninchen so ausgewogen – wie bisher beschrieben – ernähren, brauchen diese eigentlich kein Trockenfutter. Frisches Heu, Obst, Gemüse, Kräuter und Zweige reichen aus, um den Nährstoffbedarf zu decken. Darin ist alles enthalten, was Ihre Zwerge brauchen. Wenn Sie nicht gänzlich auf Trockenfutter verzichten wollen, kaufen Sie eine Futtermischung ohne Getreideanteile, zum Beispiel pflanzliche Pellets aus Luzerne, Klee, Huflattich und anderen Kräutern.

Wann und wie viel?

Trockenfutter gibt es zum Frühstück, aber erst, wenn die Kaninchen vorher Heu gemümmelt haben. Dadurch ist das Verdauungssystem angekurbelt und die Zähne gewetzt. Pro Tier gibt es höchstens einen Esslöffel. Füttert man zuerst die Pellets, schlingen die Kaninchen, weil sie Hunger haben, und sind anschließend satt.

Trockenfutter ist kein Muss, kann aber in kleinen Mengen verfüttert werden. Als Vorspeise gibt es immer Heu.

Das Heu bleibt liegen, doch so richtig wohl ist ihnen auch nicht. Es ist fast so, als würden Sie erst den Schokopudding essen und anschließend lustlos in Ihrem Salat herumstochern.

Für
KIDS

Snack-Ideen für Kaninchen-Partys

Was darf auf einer richtigen Party nicht fehlen? Klar: leckeres Knabberzeug!

Für Deine Kaninchen gibt's natürlich weder Chips noch Schokoküsse, aber Du wirst sehen, auf diese Leckereien werden sie ganz scharf sein – und Du kannst auch selbst davon naschen.

Bunter Schaschlik

Schneide verschiedene Obst- und Gemüsesorten, wie Möhre, Gurke, Paprika und Apfel, in Stücke und spieße sie in bunter Reihenfolge auf einen Spieß.
Den Gemüseschaschlik kannst Du nun an das Käfigoberteil hängen, sozusagen als essbare Girlande. Achte darauf, dass sich die Kaninchen nicht an dem Spieß pieksen können.

Gemüse on the Rock

Für dieses Partyfutter brauchst Du einen Ziegelstein. Nun schneidest Du verschieden buntes Gemüse – Karotten, Fenchel, Paprika – in Stücke, die Du in die Löcher des Ziegels steckst. Nun müssen sich die Kaninchen ein bisschen anstrengen, um die Leckerbissen wieder herauszuziehen.

Der Apfel-Tanz

Du nimmst einen Apfel und stichst das Kerngehäuse aus (der Apfel bleibt dabei ganz). Jetzt fädelst Du den Apfel auf eine Schnur und hängst ihn in den Käfig oder hältst ihn hoch. Wenn die Kaninchen versuchen, abzubeißen, schwingt der Apfel im Takt. Wenn Du den Apfel höher hältst, müssen die Kaninchen Männchen machen, also auf den Hinterbeinen „tanzen“, um den Apfel zu erreichen.

Futterglöckchen

Futterglöckchen sind ganz leicht zu basteln und sehen einfach toll aus! Alles, was Du brauchst, sind kleine Tontöpfchen, frisches Gemüse und eine Schnur. Binde das Gemüse an der Schnur fest. Jetzt nimmst Du das andere Ende der Schnur, fädelst es durch das Loch im Tontopf und bindest sie am Käfigdach fest. Fertig sind die Futterglöckchen!

Party-Regeln für den besten Gastgeber der Welt

Das mögen Deine Kaninchen:

- → ganz leise Musik
- → knackig frische Snacks
- → Kuscheln ohne Zwang
- → alles selbst ausprobieren

Das können Deine Kaninchen gar nicht leiden:

- → laute Musik und Trubel
- → Essen, an das sie nicht herankommen (also ärgere deine Zwerge nicht!)
- → Festhalten und Zwangsstreicheln

Das bisschen Styling ...

Gepflegte Kaninchen

Kaninchen sind sehr ordentlich und legen viel Wert auf Körperpflege. Sie putzen sich ausgiebig und beknabbern ihren Kollegen. Für Sie bleibt also gar nicht so viel zu tun, doch dieses Schönheitsprogramm sollten Sie auf jeden Fall regelmäßig durchführen.

Kaninchen legen viel Wert auf Körperpflege. Da wird geleckt, geknabbert und gekratzt, bis das Fell von Ohr bis Schwänzchen richtig sauber ist.

Fellpflege

Ihre Zwerge müssen Sie eigentlich gar nicht bürsten – die meisten mögen das auch nicht besonders. Zutrauliche Kaninchen genießen es jedoch, wenn sie bei den täglichen Streicheleinheiten mit einem Pflegehandschuh sanft gesäubert werden. Auch ein bisschen „Rücken kratzen“ an schwer zugänglichen Stellen kommt gut an. Währenddessen schlagen Sie gleich drei Fliegen mit einer Klappe: Sie intensivieren das Verhältnis zu Ihrem Kaninchen, die losen Haare – besonders während des Fellwechsels – werden entfernt und Sie können das Fell auf Parasiten (Flöhe, Milben oder Haarlinge) kontrollieren.

→ Bitte nicht baden!

Kaninchen mögen und brauchen kein Wannenbad und erst recht kein Shampoo. Sie sind von Natur aus sauber und haben es daher gar nicht nötig. Sollte der Po nach einem Durchfall verklebt sein, reinigen Sie ihn mit warmem Wasser und trocknen ihn mit einem Handtuch ab.

Kaninchen-TÜV

Kaninchen zeigen fast immer zu spät an, dass sie krank sind, denn kranke Kaninchen werden aus dem Rudel ausgeschlossen, müssen den Bau verlassen und sind somit leichte Beute für Fressfeinde. Machen Sie doch einfach eine kleine Inspektion, während Sie mit den Kaninchen schmusen, damit Sie mögliche Krankheitsanzeichen rechtzeitig entdecken.

Von Kopf bis Fuß

Kommen alle zur Fütterung? Fressen sie normal und in gewohnter Geschwindigkeit? Sind sie munter und an ihrer Umgebung interessiert? Hoppeln sie normal? Sind die Augen klar? Ist das Näschen trocken? Sind die Ohren sauber? – Klappen Sie auch die Ohren der Widderkaninchen hoch und werfen Sie einen Blick hinein. Fühlt sich der Bauch weich an? Sind die Pfoten sauber und unverletzt? Kontrollieren Sie auch das Hinterteil: der Po und die Schleimhautfalten neben den Geschlechtsteilen, die so genannten Geschlechtsecken, sollen sauber und ohne Verklebungen sein. Hat sich Talg abgelagert, können Sie diesen mit einem feuchten Tuch entfernen. Je besser Sie Ihre Kaninchen kennen, desto früher fallen Ihnen Veränderungen auf und Sie können frühzeitig reagieren.

Zeigt her eure Füße

Kaninchen haben vorne fünf und hinten vier Krallen. Da sie in freier Wildbahn ihre Vorderpfoten als Grabwerkzeuge einsetzen und somit die Krallen schnell abnutzen, wachsen diese schnell nach. In der Wohnung fehlen oft die Möglichkeiten, um sie abzunutzen. Zu lange Krallen müssen geschnitten werden.

→ Gewichtskontrolle

Setzen Sie Ihre Kaninchen einmal pro Woche auf die Waage. Am einfachsten geht das in einer Schüssel auf der Backwaage, so können Sie nicht einfach davonlaufen und die Waage ist genau genug. Legen Sie für jedes Tier eine Wiegekarte an und tragen Sie das Gewicht ein. So sehen Sie auf einen Blick, wenn eines der Kaninchen plötzlich stark zu- oder abnimmt.

Pediküre

Mit einer Krallenzange können Sie die Krallen schneiden. Am besten machen Sie die Prozedur zu zweit. Einer hält das Kaninchen und fixiert dabei die Pfote, damit der andere die Zange ansetzen kann. Vor einer guten Lichtquelle kann man den blut- und nervenführenden Bereich der Kralle gut erkennen. Der Schnitt wird 3–5 mm davor ausgeführt und zwar horizontal. Bei sehr dunklen Krallen, bei denen man die Blutbahn nicht erkennen kann, schneiden Sie lieber weniger ab, dafür öfter. Lassen Sie sich beim ersten Mal von Ihrem Tierarzt helfen.

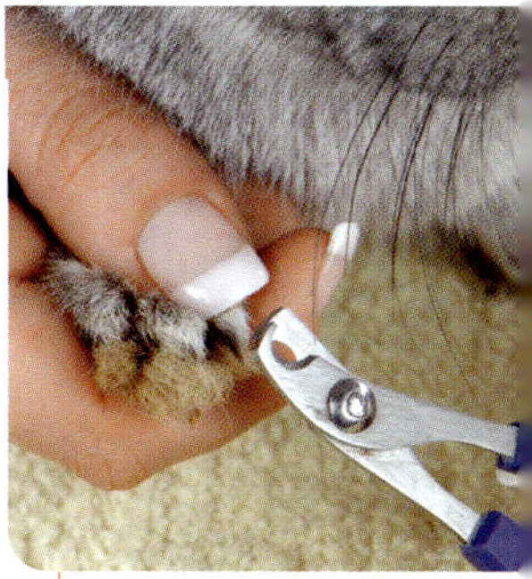

Sind die Krallen zu lang, werden sie mit einer speziellen Krallenzange gekürzt.

Mach mal „Ahh"!

Zu lang gewordene Schneide- und Backenzähne behindern beim Fressen. Ob die Ursache falsches Futter oder eine Anomalie (Zahnfehlstellung) ist, muss der Tierarzt feststellen. Er wird die Zähne kürzen. Bei sehr kleinen Zwergkaninchen kommen Zahnprobleme öfter vor, da der Kiefer zu eng ist.

Augen klar? Krallen kurz? Ohren sauber? Ein Kaninchen-TÜV dauert nicht lange.

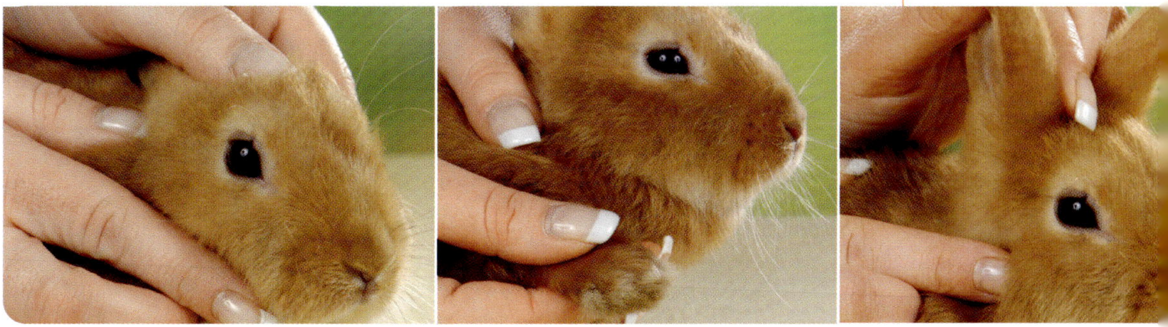

Der Nächste bitte

Zwergkaninchen beim Tierarzt

Ein großer Käfig, viel Freilauf, liebevolle Zuwendung, frisches Heu, Wasser sowie Obst und Gemüse sind die beste Krankenversicherung für Zwerge. Doch wenn Ihr Kaninchen einen kranken Eindruck macht, sollten Sie zum Tierarzt gehen.

Handeln Sie bei Krankheitsanzeichen schnell, denn je früher dem Kaninchen geholfen wird, desto besser sind die Heilungschancen.

Artgerechte Haltung und gesunde Ernährung ist die beste Gesundheitsvorsorge.

Impfungen für Kaninchen

Es gibt Infektionskrankheiten, die den Kaninchen gefährlich werden können. Dazu gehören die Chinesische Kaninchenseuche, auch RHD (Rabbit haemorrhagic disease) genannt, und die Myxomatose. Beide Krankheiten enden oft tödlich, eine Behandlung ist nicht möglich. Allerdings können Sie vorbeugen, indem Sie Ihre Kaninchen impfen lassen. Zuerst werden die Kaninchen grundimmunisiert, eine Auffrischungsimpfung für Myxomatose fällt danach halbjährlich, gegen RHD jährlich an.

Lieber dreimal zu früh als einmal zu spät

Weil vor jeder erfolgversprechenden Behandlung eine genaue Diagnose erfolgen muss, sollten Sie im Zweifelsfall lieber einmal zu viel zum Tierarzt gehen als einmal zu wenig.

Der richtige Tierarzt

Nicht alle Tierärzte kennen sich richtig gut mit Kleintieren aus. Manche haben sich auf Hunde, Katzen oder Pferde spezialisiert. Suchen Sie sich einen kompetenten Kleintierspezialisten, bevor Ihr Tier ernsthaft erkrankt.

Fragen, die der Tierarzt stellt

Je genauer Sie die Fragen des Tierarztes beantworten können, desto besser. Nehmen Sie die Wiegekarte und eine Kotprobe mit. Falls Sie vermuten, dass Ihr Zwergkaninchen etwas Giftiges gefressen hat, packen Sie auch davon eine Probe ein. Ansonsten wird der Arzt Ihnen folgende Fragen stellen:

- → Wie alt ist das Tier?
- → Seit wann lebt es bei Ihnen?
- → Wo und wie wird es gehalten?
- → Wann haben Sie die Symptome zuerst bemerkt?
- → Wie äußert sich die Veränderung?
- → Hat es Appetit und Durst?
- → Was hat es gefressen und getrunken?
- → Wie sehen die Ausscheidungen aus?
- → Gibt das Tier Schmerzenslaute von sich?

Stressfreier Tierarztbesuch

Kaninchen finden Tierarztbesuche nicht sehr witzig. Um Stress zu vermeiden, nehmen Sie am besten beide Tiere in einer Transportbox mit, denn die Anwesenheit des Kumpels beruhigt. Legen Sie ein Handtuch unten in die Box und einen Berg frisches Heu zum Knabbern und Verstecken. Eine Möhre oder ein anderes Lieblingsgemüse lässt so manche Angst leichter vergessen.

Nur nichts vergessen

Schreiben Sie vorher auf, was Sie von Ihrem Tierarzt wissen möchten, damit Sie in der Hektik nichts vergessen. Hat er die Diagnose gestellt, bitten Sie ihn, Ihnen alles genau zu erklären. Fragen Sie ihn, ob Sie noch einmal kommen sollen, welche Medikamente Ihr Tier braucht, wie sie dosiert werden und welche Pflegemaßnahmen Sie ergreifen müssen. Darf das kranke Tier bei seinem Kumpel bleiben oder muss es isoliert werden? Lassen Sie sich auch zeigen, wie Sie die nötigen Arzneien am besten verabreichen.

Wenn Kaninchen älter werden

Alle Kaninchen werden einmal alt. Manchmal beginnt die merkliche Alterung zwischen dem sechsten und siebten Lebensjahr, bei anderen später.

Auf die Waage: Wiegen Sie Ihre Kaninchen regelmäßig. Dann erkennen Sie sofort, wenn eines plötzlich stark zu- oder abnimmt.

Alterserscheinungen

Ältere Kaninchen wollen sich nicht mehr so viel bewegen und steigen nicht so gerne auf erhöhte Aussichtsplätze. Um ihnen ein bisschen zu helfen, können Sie den Ein- und Ausstieg in den Käfig mit einer kleinen Rampe erleichtern und auch Futter- und Wasserbehälter niedriger anbringen. Dennoch braucht ein altes Tier Bewegung und oft legt es viel Wert auf ausgiebige Schmuseeinheiten.

Abschied

Alte Kaninchen sterben meistens ohne merkliche Leiden im Schlaf. Man kann sich damit trösten, dass dies zu jedem Leben gehört, dass das Kaninchen aber keine Angst vor dem Sterben hat. Lassen Sie die Trauer zu und legen Sie ein kleines Grab an, um von Ihrem Zwerg Abschied zu nehmen.

Alte Kaninchen werden ruhiger. Sie wollen sich nicht mehr so viel bewegen und kuscheln lieber mit Ihrem alten Kumpel oder mit Ihnen.

EXTRA
Schnelldiagnose

→ *Die häufigsten Kaninchenkrankheiten*

Krankheitsanzeichen	*Verdacht auf*	*Maßnahmen*
Durchfall, breiige Köttel oder wässriger Durchfall	Zu schnelle Futterumstellung, Zahnfehlstellung, bakterielle Infektion, Darmparasiten, Vergiftung	Saftfutter weglassen, nur Heu und Wasser anbieten. Durchfall muss innerhalb von 24 Stunden abklingen, sonst zum Tierarzt. Bei wässrigem Durchfall sofort zum Tierarzt, Kotprobe mitnehmen.
Kaninchen sitzt gehockt mit gesträubten Fell, atmet stärker und der Bauch ist hart und fest. Es schlägt mit den Hinterläufen.	Trommelsucht (Blähsucht oder Tympanie)	Sofort Grünfutter entfernen, nur Heu und Wasser, bitte unverzüglich den Tierarzt aufsuchen.
Köttelketten, zu große Köttel oder gar keine mehr	Verstopfung, Haarballen durch Fellwechsel, zu wenig Bewegung	Bürsten Sie die Kaninchen während des Fellwechsels. Sorgen Sie für ausreichend Bewegung. Etwas Nager-Maltpaste, ein Tropfen Rapsöl, ein Stückchen Ananas oder eine Scheibe Kiwi sollen helfen, die aufgenommenen Haare besser auszuscheiden. Tritt keine Besserung ein, gehen Sie zum Tierarzt.
Das Kaninchen ist apathisch, liegt auf der Seite, es verweigert das Futter und atmet flach.	Hitzschlag, schwere Erkrankung/Infektion	Verdacht auf Hitzschlag: Handeln Sie sofort: Wickeln Sie das Kaninchen in ein kühles, feuchtes Tuch. Flößen Sie ihm Wasser ein. Halten Sie die Füße in kühles Wasser. Fahren Sie unverzüglich zum Tierarzt. Auch beim Verdacht auf eine Infektion sollten Sie sofort zum Tierarzt.

Krankheitsanzeichen	*Verdacht auf*	*Maßnahmen*
Verklebte, verschlossene, trübe Augen, rote geschwollene Lidränder	Bindehautentzündung, Verletzung des Auges, Backenzahnprobleme	Gehen Sie zum Tierarzt
Verklebte oder feuchte Nase, das Kaninchen niest und ist apathisch und verweigert die Nahrung, starke Flankenatmung	Erkältungskrankheit (Schnupfen bis Lungenentzündung)	Vermeiden Sie Durchzug und Kälte. Gehen Sie zum Tierarzt. Unterstützend können Sie das Kaninchen inhalieren lassen.
Das Kaninchen sabbert, rund um den Mund ist es feucht, es frisst schlecht	Zahnprobleme durch fehlerhafte Zahnanlage oder falsche Fütterung	Kontrollieren Sie die Schneidezähne. Sind sie zu lang, ist einer abgebrochen? Oft bereiten die Backenzähne dem Kaninchen Probleme, was der Halter nicht auf Anhieb sieht. Lassen Sie das durch Ihren Tierarzt abklären.
Verklebte oder schuppige Ohren, das Kaninchen hält den Kopf schief	Infektion im Innenohr, Parasiten- oder Pilzbefall	Gehen Sie zum Tierarzt. Gerade bei Widderkaninchen kommt es häufiger vor, dass die Ohren verstopft sind und vom Tierarzt gereinigt werden müssen. Bei Ohrräude oder Pilzbefall muss der Tierarzt einen Abstrich machen, um ein entsprechendes Medikament zu verschreiben.
Glanzloses, struppiges Fell, kahle Stellen, Schorf, das Kaninchen kratzt sich vermehrt	Parasitenbefall (Flöhe, Milben, Haarlinge), Pilzbefall	Ihr Tierarzt erstellt die Diagnose und wird Ihnen ein geeignetes Mittel verschreiben.
Blut im Urin, das Kaninchen hat Schmerzen beim Wasserlassen	Blasen- oder Nierenerkrankung	Gehen Sie zum Tierarzt. Er wird feststellen, ob es sich um eine Blaseninfektion, Blasen- oder Nierensteine handelt und die richtige Therapie einleiten. Unterstützend können Sie frische und getrocknete Kräuter sowie Tees aus Löwenzahn, Brennnesseln, Birkenblättern oder Kamille anbieten.
Wunde Hinterläufe, kahle Stellen, Schorf	Entzündungen durch falschen Untergrund (Teppiche, harte Einstreu etc.)	Halten Sie den Käfig sauber. Achten Sie auf weichen Untergrund. Wechseln Sie die Streu, wenn Strohpellets zu hart sind. Beim Freilauf sollten weiche Baumwollteppiche ausgelegt werden. Kunststoffteppiche sind Gift für die Pfoten, da sich die Kaninchen die Läufe beim Laufen regelrecht verbrennen.

Eins, zwei, drei, viele

Die Sache mit dem Nachwuchs

Ist die Häsin brünstig, wird sie vom Rammler eifrig umworben.

Der Begriff „wie die Karnickel" kommt nicht von ungefähr, denn Kaninchen sind ausgesprochen fortpflanzungsfreudig. In freier Natur ist das auch ganz sinnvoll, da die Verluste durch natürliche Feinde und Krankheiten recht hoch sind. Doch Zwergkaninchen in Menschenobhut gibt es schon mehr als genug. Tierheime und Tierschutzorganisationen wissen schon gar nicht mehr, wohin mit den Kaninchen. Daher möchten wir Ihnen sehr ans Herz legen, auf eine Zucht zu verzichten, auch wenn Kaninchenbabys noch so süß sind.

Plötzlich waren sie da

Es passiert gar nicht so selten, dass Sie als stolzer Besitzer zweier Zwerge nach Hause kommen. Der Käfig ist schön eingerichtet und Ihre beiden „Rammler" vertragen sich prächtig – bis nach ein paar Wochen lauter Mini-Kaninchen zu finden sind. Manchmal kauft man auch – ohne es zu wissen – eine bereits trächtige Häsin, weil die Geschlechtertrennung nach Weibchen und Männchen gar nicht oder nur unvollständig stattgefunden hat. Um Überraschungen vorzubeugen, sollten Sie Ihre beiden neuen Familienmitglieder näher untersuchen, bevor Ihr Paulchen eine Pauline ist.

Häsin oder Rammler?

Um das Geschlecht des Zwergkaninchens zu bestimmen, setzen Sie sich hin und nehmen das Tier so auf den Schoß, dass es, mit dem Rücken an Ihren Bauch gelehnt, auf den Hinterläufen sitzt.

Kaninchenkinder sind zwar unglaublich süß, doch sie sollten dennoch auf eine Zucht verzichten.

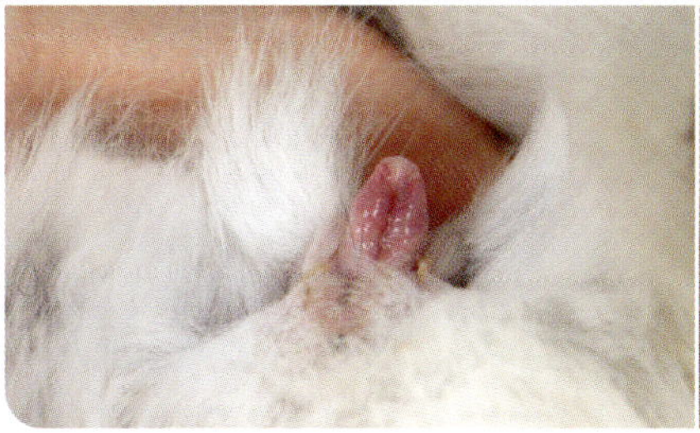 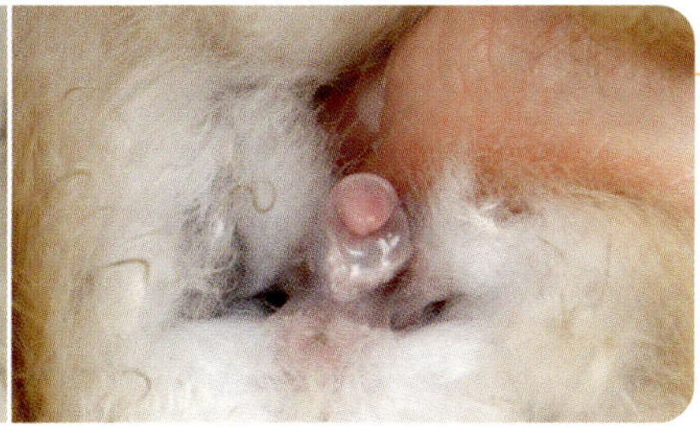

Die Geschlechtsorgane der Häsin sind U-förmig (links).

Die des Rammlers sehen wie ein Röhrchen aus (rechts).

Mit der einen Hand halten Sie die Vorderbeine hoch, mit der anderen suchen Sie vorsichtig im Fell nach den Genitalien. Wenn Sie nun mit Zeige- und Mittelfinger vorsichtig und mit leichtem Druck die Haut auseinander spannen, tritt das Geschlechtsteil hervor. Beim Rammler erkennen Sie mit etwas Mühe ein rundes Röhrchen, bei der Häsin ist diese Röhre zum After hin offen und bildet ein „U".
Anfangs ist es nicht ganz leicht, besonders wenn die Tiere jung und noch nicht geschlechtsreif sind. Wenn Sie sich nicht sicher sind, fragen Sie einen kaninchenkundigen Bekannten oder Ihren Tierarzt.

Kastration oder Sterilisation

Oftmals werden die beiden Begriffe durcheinandergeworfen oder synonym verwendet, doch es gibt einen bedeutenden Unterschied: Bei der Kastration werden die Keimdrüsen entfernt, also beim Rammler die Hoden und bei der Häsin Eierstöcke und Gebärmutter.

→ Vorteile einer Kastration

Kastrierte Kaninchen

- → bekommen keinen Nachwuchs
- → vertragen sich besser mit ihren Artgenossen
- → sind insgesamt ausgeglichener
- → leben gesünder
- → markieren ihr Revier weniger

Bei der Sterilisation bleiben die Geschlechtsorgane erhalten, es werden einfach die Samen- und die Eileiter durchtrennt. So können sich die Tiere zwar nicht mehr fortpflanzen, doch die Sexualhormone werden weiterhin ausgeschüttet und die damit verbundenen Haltungs- und Gesundheitsprobleme bleiben bestehen.

Das richtige Alter

Die Zwerge werden mit 12 Wochen geschlechtsreif. Damit sie friedlich mit ihren Artgenossen zusammenleben können, ist eine frühe Kastration sinnvoll. Die Rammler können kastriert werden, sobald die Hoden in den Hodensack gewandert sind, das ist ungefähr im 3. Lebensmonat, zum Zeitpunkt der Geschlechtsreife. Häsinnen sollten außerhalb ihrer Brünstigkeit kastriert werden. Bei ihnen ist der Eingriff etwas kniffliger.
Wenden Sie sich an eine Kleintierklinik oder einen Tierarzt, der Erfahrungen mit Kastrationen bei weiblichen Kaninchen hat.

Tipp

Leichte Kost

Da die Zwerge einerseits ein sehr empfindliches Verdauungssystem haben, das immer mit Nahrungsbrei gefüllt sein muss, andererseits nicht erbrechen können, brauchen sie vor der Operation nicht nüchtern zu sein. Füttern Sie Heu und leichte Kost wie Fenchel oder Möhren.

Auf einen Blick

Mein Pflegeplan

Täglich

Wasser

Wechseln Sie zweimal am Tag das Wasser und säubern Sie den Wassernapf bzw. die Nippeltränke gründlich, damit sich keine Bakterien ausbreiten können.

Futter

3-mal am Tag gibt es frisches Heu. Ein Stückchen Apfel, Möhre oder Fenchel sowie frisches Grün (Löwenzahn, Gras, Petersilie) ergänzen das Menü. Vergessen Sie nicht, die Frischfutterreste nach einem halben Tag zu entfernen.

Toilette

Kaninchen sind sehr ordentlich und machen immer in dieselbe Ecke. Wechseln Sie hier die Streu und füllen neue auf.

Freilauf

Wohnungskaninchen wollen sich einmal am Tag die Pfoten vertreten. Lassen Sie sie 2 Stunden unter Aufsicht hoppeln.

Gesundheitskontrolle

Gesunder Appetit? Glänzende Augen? Trockene Nase? Sauberer Po? Kontrollieren Sie täglich, ob das Fell glänzt, Augen, Ohren, Nase und Po sauber, trocken und ohne Ausfluss sind – kurz, Ihre Kaninchen gesund und quietschvergnügt sind.

Wöchentlich

Wohnungsputz

1–2 mal die Woche ist Großputz angesagt. Entfernen Sie die komplette Streu und schrubben Sie die Bodenwanne mit heißem Wasser und mildem Reinigungsmittel. Wenn alles getrocknet ist, wird die Bodenwanne mit reichlich frischer Streu gefüllt.

Neue Zweige

Frischer Nagespaß für Mümmelmänner! Legen Sie einmal die Woche frische Zweige (Apfel, Birne, Haselnuss, Weide, Buche, Pappel oder Erle) in den Käfig, damit Ihre Zwerge nach Herzenslust knabbern können.

Kaninchen-TÜV

Nehmen Sie Ihr Kaninchen etwas genauer unter die Lupe: Wie steht es um die Zähne? Stehen sie gerade aufeinander und sind sie kurz genug? Was machen die Krallen? Müssen sie geschnitten werden? Ein genauer Blick in die Ohren und unter die Fußsohlen kann nicht schaden. Und wenn Sie schon dabei sind, reinigen Sie noch gleich die Geschlechtsecken mit einem feuchten Tuch und bürsten Sie sanft die losen Haare aus dem Fell.

Monatlich

Großreinemachen

Nehmen Sie sich ein- bis zweimal im Monat das Kaninchenmobiliar vor. Schrubben Sie Häuschen, Brücken und Sitzbretter mit heißem Wasser. Haben die Tiere einen eigenen Auslauf, sollten Sie sich auch diesen vornehmen. Teppiche waschen, Buddelkiste neu befüllen usw. Das wird Ihren Zwergen zwar nicht so gut gefallen, weil es anschließend nicht mehr nach ihnen riecht, aber ein bisschen Hygiene tut not.

Impftermine

Alle 6 Monate steht der Myxomatose-Impftermin an, einmal im Jahr die RHD-Impfung. Vergessen Sie es nicht.

Urlaub

Wollen Sie verreisen, kümmern Sie sich rechtzeitig um einen Kaninchen-Sitter. Am besten ist eine Person, die die Tiere schon kennt und weiß, was sie brauchen. Idealerweise kommt Ihre Urlaubsvertretung täglich und kümmert sich um die Zwerge – so können die Tiere in ihrer vertrauten Umgebung bleiben. Oder aber Ihre Kaninchen ziehen „mit Sack und Pack" für die Zeit Ihrer Abwesenheit um – vorausgesetzt der Pflegehaushalt ist darauf eingestellt.

Kaninchenpension

Wenn Sie selbst niemanden kennen oder finden, dem Sie während Ihres Urlaubs Ihre Kaninchen anvertrauen können, schauen Sie sich nach einem Pensionsplatz um. Kaninchenhilfsorganisationen und Zoogeschäfte helfen Ihnen gerne, einen geeigneten Platz zu finden, wo die Tiere artgerecht betreut werden. Denn Mitfahren wollen Kaninchen nicht so gerne.

3

Verstehen & beschäftigen

Hellwach und flink

Typisch Zwergkaninchen

Je mehr man über sein Tier weiß, je besser man es versteht, desto mehr Spaß macht es, sich mit ihm zu beschäftigen. Also Augen, Ohren, Nasen auf! Was können uns Kaninchen erzählen?

Kaninchen sind nicht gerade die mutigsten Tiere. Sie sind immer in Hab-Acht-Stellung und suchen notfalls ihr Heil in der Flucht.

Kaninchen sind Fluchttiere

Kaninchen sind klein und weder stark noch mutig. Was werden sie also bei Gefahr tun? Genau: Weglaufen! Kaninchen sind Fluchttiere und werden immer dann, wenn sie sich bedroht fühlen, schnell in ihrem Versteck verschwinden. Und bedroht fühlen sie sich nicht nur durch ihre natürlichen Feinde – die ihnen in unserer Obhut ja nie begegnen sollten –, sondern auch durch laute, ungewohnte Geräusche, neue Gerüche oder eine große menschliche Hand, die sich ihnen von oben nähert.

Schau mir in die Augen, Kleines

Ganz besonders große Angst haben Zwergkaninchen vor allem, was von oben kommt – wie zum Beispiel Greifvögel, auf deren Speiseplan Wildkaninchen stehen. Deshalb begegnen Sie Ihren Zwergen am besten immer auf Augenhöhe. Also: Zum Spielen und Kuscheln auf den Boden legen und den Käfig am besten erhöht stellen. Wenn Sie die Kaninchen ganz vorsichtig an alles Neue – das neue Zuhause, die fremden Geräusche und Gerüche dort, verschiedene Menschen und vielleicht andere Haustiere –, gewöhnen, werden sie schnell zahm und zutraulich.

Panoramablick

Kaninchen sind Bewegungsseher und können alles, was sich um sie herum bewegt, sehr gut wahrnehmen – und das fast rundum. Da ihre Augen seitlich am Kopf sitzen, haben sie fast eine 360-Grad-Rundumsicht, ohne den Kopf drehen zu müssen.

Kaninchen haben zwar den Rundum-Blick, doch was direkt vor ihrer Nasenspitze ist, sehen sie nicht so gut.

Allerdings erkennen sie Dinge, die direkt vor ihrer Nase geschehen, nicht so gut. Sie mögen kein grelles Licht und können auch nur rot und grün unterscheiden. Doch dafür sehen sie bei Dämmerung ziemlich gut.

Supernasen

Kaninchennasen sind in ständiger Bewegung. Nasenblinzeln wird das genannt. Mehr als 100 Millionen Riechzellen sind in Aktion. Kaninchen saugen Gerüche richtig ein. Über die Nase orientieren sie sich und nehmen viele Informationen auf: Wo gibt es leckeres Futter? Wo sind die Mitglieder meiner Kaninchen-Sippe? Und wie geht es ihnen? Wo verstecken sich Feinde? Fremde Gerüche – Rauch, Küchendünste, Putzmittel – stinken ihnen gewaltig.

→ *Duftsprache*

Kaninchen kommunizieren mit Hilfe von Duftmarken untereinander: Familienangehörige und Fremde werden so voneinander unterschieden, das Revier wird mit Duftdrüsen am Kinn markiert, paarungsbereite Weibchen locken Männchen über sogenannte Pheromone an und Rammler „beduften" ihr erwähltes Weibchen mit Urin.

Kleiner Lauschangriff

Mit ihrem hochempfindlichen Gehör entgeht ihnen kaum etwas – schon gar nicht das leise Rascheln der Futtertüte. Die Löffel funktionieren wie kleine Schalltrichter und können unabhängig voneinander nach vorne und nach hinten gerichtet werden. Etwas Rücksichtnahme verlangen Kaninchenlöffel aber auch: Extrem laute oder hochfrequente Töne (z. B. das Pfeifen des Fernsehers) sind für sie unangenehm, Lärm macht ihnen Angst.
Doch die Löffel sind nicht nur zum Hören da. Ist es sehr warm, dienen sie auch als Wärmeableiter, da Kaninchen nicht schwitzen können.

Leckermäulchen

Sie werden bald feststellen: Kaninchen sind echte Feinschmecker mit ganz besonderen Vorlieben und Abneigungen. Manches mögen sie ganz besonders gern, anderes lehnen sie angewidert ab. Leider fressen Kaninchen auch Dinge, die ihnen nicht bekommen – denn durch Annagen untersuchen sie die Gegenstände. Deshalb ist es wichtig, alles außer Reichweite zu bringen, was nicht in einen Kaninchenmagen gehört!

Mit Feingefühl

Bei Katzen würde man „Schnurrhaare" sagen und auch Kaninchen besitzen diese empfindlichen Tasthaare rechts und links der Nase, am Maul und über den Augen. Mit diesen kleinen Antennen können sie auch bei Dunkelheit ihre Umgebung ertasten. Das ist für das Leben im Bau wichtig, damit sie sich schnell und geschickt durch die dunklen Gänge bewegen können. Niemals darf man an diesen Haaren zupfen oder sie gar abschneiden!

Kaninchenohren lassen sich unabhängig voneinander in unterschiedliche Richtungen drehen. So hört der Zwerg alles, selbst das kleinste Rascheln einer Futtertüte.

Haben Sie sich mal die Nasen Ihrer Kaninchen angesehen? Sie sind ständig in Bewegung! Nasenblinzeln nennt man das. Dabei nehmen die Kaninchen ganz viele Duftbotschaften auf.

EXTRA
Zwergkaninchen-Dolmetscher

Kaninchensprache

→ Töne sind sehr selten zu hören, doch sie sprechen ab und zu mit Lauten. Passt ihnen etwas nicht, grummeln sie vor sich hin.

→ Bei steigender Aggression fauchen oder knurren sie.

→ Auch beim Liebesspiel wird gebrummt. Die Rammler umwerben brummend das Weibchen und wenn der Deckakt erfolgreich vollzogen ist, fällt das Männchen grunzend zur Seite.

→ Wenn Kaninchen Schmerzen haben, knirschen sie mit den Zähnen. Hören Sie das Zähneknirschen, sollten Sie den Zwerg genauer untersuchen und mit ihm zum Tierarzt fahren.

→ Kaninchen können auch schreien. Doch das tun sie nur in höchster Not, wenn sie um ihr Leben fürchten.

→ Manchmal fiepen Kaninchen leise, wenn sie auf dem Arm gehalten werden. Jetzt sollten Sie das Tier schnell wieder absetzen.

→ Wenn sich Kaninchen wohlfühlen, wälzen sie sich.

→ Ein anderes Zeichen von körperlichem Behagen ist, wenn sie lang gestreckt auf der Seite oder ganz still liegen, vor sich hinmümmeln und mahlen.

→ „Ich mag dich" heißt auf Kaninchensprache, wenn sich die Tiere gegenseitig belecken. Das geschieht am Kopf, am Hals und hinter den Ohren.

→ Ein leichtes Anstupsen mit der Nase heißt „Hallo“ oder „Streichel mich“. Wenn’s genug ist, wird man wieder weggeschubst.

→ Ganz schön neugierig sind Kaninchen: Wenn sie etwas näher begutachten wollen, setzen sie sich auf die Hinterbeine und machen Männchen, um alles besser sehen zu können.

→ Beim Erkunden nähern sie sich vorsichtig an, sie schieben sich sozusagen auf den Gegenstand zu. Das ist ein langsames Hoppeln, bei dem der Kopf nach vorne geschoben wird, der Körper lang gestreckt ist und das Schwänzchen nach oben zeigt.

→ Droht Gefahr, warnen sie ihre Artgenossen. Und wie ginge das besser als mit einer Trommel? Dazu ziehen die Kaninchen ihre Hinterbeine unter den Körper und schlagen hart auf den Boden.

→ Umgekehrt können auch Kaninchen drohen. Dabei ist der Vorderkörper geduckt, der Po hochgestreckt und die Ohren angelegt. Das Kaninchen sagt: „Bleib, wo du bist, oder zieh leine!“

Hund, Katze, Maus

Kaninchen schließen Freundschaft

Kaninchen lernen, auch mit anderen Tieren zusammenzuleben. Doch richtig verständigen können sie sich nur mit ihren Artgenossen.

Schon mehr als einmal haben Sie es gelesen: Kaninchen wollen nicht gerne allein sein. Mindestens zu zweit, noch besser in einer kleinen Gruppe, fühlen sie sich wohl. Gerne haben Sie aber auch Kontakt zu Menschen und es soll sogar schon dicke Freundschaften zwischen Kaninchen und anderen Tieren gegeben haben. Doch bevor man alle Beteiligten aufeinander loslässt, muss man einige Regeln einhalten, um Konflikte zu vermeiden.

Gleich und gleich gesellt sich gern

Natürlich leben Kaninchen am liebsten in Gesellschaft anderer Kaninchen. Am einfachsten ist es, zwei Tiere zu sich zu nehmen, die sich schon kennen. Doch wie ist es, wenn man fremde Tiere aneinander gewöhnen will?

Da Kaninchen stark über Düfte kommunizieren, klappt die Gewöhnung aneinander am besten, wenn man ihnen erst einmal den gleichen Geruch verpasst. Dafür erst das eine, dann dass andere streicheln und so die Eigengerüche der beiden miteinander vermischen. Am besten lernen sie sich beim Freilauf auf für beide unbekanntem Terrain kennen, sonst fliegen die Fetzen. Mehr dazu lesen Sie auch auf Seite 16.

Begegnungen zwischen Zwergkaninchen und Meerschweinchen

Auf die gleiche Weise können Sie vorgehen, wenn Sie Meerschweinchen und Zwergkaninchen aneinander gewöhnen wollen. Beim Freilauf harmonieren die beiden Arten sehr gut, wenn jeder noch einen Artgenossen hat und sie ansonsten in getrennten Käfigen mit ihren eigenen Artgenossen leben. Hat man z. B. ein großes Ganzjahresgehege im Garten, können die beiden Arten dort zusammenleben.

Drei Freunde. Allerdings sollte man nicht ausprobieren, was passiert, wenn Hund und Zwerg alleine bleiben …

Hund, Katze, Maus – Zwerge und andere Tiere

Völlig unterschiedliche Tiere können durchaus zu dicken Freunden werden. Noch bevor die Tiere sich sehen, sollten sie sich riechen können. Ihre Hand dient dabei als Überbringer dufter Botschaften: Mit einer Hand streichelt man das Kaninchen und lässt dann Hund oder Katze daran schnuppern und umgekehrt.

Erste Begegnung

Im nächsten Schritt werden die Tiere zusammengeführt. Dabei bleiben die Kaninchen zunächst im geschlossenen Heim. Hund oder Katze dürfen vorsichtig am Gitter riechen. Sorgen Sie dafür, dass die Tiere ruhig bleiben. Nachdem die beiderseitige Neugier befriedigt ist, werden alle Beteiligten ausführlich gelobt und belohnt. So entstehen positive Verknüpfungen. Erst dann, wenn die Käfigbegegnungen von Hund oder Katze und Kaninchen für alle Beteiligten völlig entspannt verlaufen, kann der Kontakt ohne trennende Gitter vertieft werden.

→ Nicht aus den Augen lassen!

Egal wie gut sich Kaninchen und Hund oder Katze verstehen: Lassen Sie die so unterschiedlichen Tiere niemals unbeaufsichtigt miteinander alleine. Die Mümmelmänner gehören in das Beuteschema von Hunden und Katzen. Man kann nie ausschließen, dass der Jagdtrieb die Freundschaft plötzlich vergessen lässt und die Zwerge gehetzt oder sogar gebissen werden.

Rennen, flitzen, Haken schlagen

Freilauf für Haus und Balkon

Auch wenn der Käfig noch so groß ist, ist der Raum begrenzt. Daher sollten Sie Ihren Zwergen jeden Tag mindestens zwei Stunden Freilauf gewähren.

Tag der offenen Tür

Viele Kaninchenhalter sind schon dazu übergegangen, eine Zimmerecke rund um den Käfig abzugrenzen, in der sich die Kaninchen nach Lust und Laune

Halt für die Pfoten

Damit die Kaninchen nicht ins Rutschen kommen, können Sie preiswerte Flickenteppiche aus Baumwolle kaufen. Richten Sie den Auslauf mit Häuschen, einer Kaninchentoilette, Wasser und Heu ein. Zusätzlich können Sie ihnen noch Röhren zum Durchschlüpfen oder eine mit Sand gefüllte Buddelkiste anbieten.

Kaninchen sind ganz schön neugierig und wollen alles erkunden. Schaffen Sie ihnen eine Erlebniswelt! Wenn die Zwerge Ihr Wohnzimmer erforschen dürfen, beseitigen Sie vorher alle gefährlichen Gegenstände.

bewegen können. Vier Holzbretter miteinander verschraubt und hoch genug, damit die Kaninchen nicht darüberklettern können, dienen als Absperrung. Der Käfig bleibt den ganzen Tag geöffnet und eine kleine Rampe bietet den Zwergen rund um die Uhr die Möglichkeit, in ihren Auslauf zu gelangen. Der Boden wird mit Linoleum oder Laminat ausgelegt, damit er ab und zu mit Wasser und Seife gereinigt werden kann.

Piste frei!

Auch wenn Sie Ihren Kaninchen aus Platzgründen keine eigene Zimmerecke anbieten können, sollten Sie den Zwergen täglich zwei Stunden Freilauf gönnen, damit sie ihren Bewegungsdrang ausleben können. Denn auch bei Kaninchen ist Bewegung gesundheitsfördernd und beugt Trägheit und Übergewicht vor. Außerdem benötigen die Zwerge Abwechslung und neue Sinneseindrücke, um geistig fit zu bleiben.

Angenagt?

Vorher sollten Sie alles wegräumen, was in Zahnnähe ist, denn Kaninchen testen alles, indem sie es beknabbern. Wenn Ihnen Ihre Stuhlbeine lieb sind, Sie Ihre Tapete retten wollen und Ihre Kaninchen lange leben sollen – denn sie machen auch vor Stromkabeln und giftigen Zimmerpflanzen nicht halt – sollten Sie alles, was Ihnen lieb und teuer ist, weg- und hochstellen. Die Kabel können in Kabelschächte verlegt, die Stuhlbeine umklebt werden. Halten Sie Schränke und Türen geschlossen, damit die Zwerge nicht eingeklemmt oder eingesperrt werden. Bleiben Sie immer dabei und behalten Sie die Zwerge im Auge.

Kaninchenklo macht Zwerge froh

Sie können ein kleines Kaninchenklo aufstellen, das mit der üblichen Einstreu sowie etwas verschmutzter Streu gefüllt wird. Wenn Sie beobachten, dass einer der Zwerge muss – er verharrt auffallend ruhig, versteift sich und hebt das Hinterteil – setzen Sie ihn schnell in die Toilette. Bei Erfolg wird er gelobt und bekommt eine Belohnung.

Malheure beseitigen

Ganz ohne Pfützen und Kügelchen wird es sicher nicht abgehen. Schimpfen Sie auf keinen Fall mit Ihren Zwergen, das verschreckt sie nur. Die Kügelchen lassen sich leicht aufkehren oder wegsaugen. Urinpfützen tupft man auf und reibt mit Wasser oder Seifenlauge nach.

Urlaub auf Balkonien

Balkone sind leider in den meisten Fällen nicht sehr gut für Zwergkaninchen geeignet. Sie sind entweder zu heiß oder zu zugig, der Bodenbelag ist zu rutschig oder zu kalt und die Geländer sind in den seltensten Fällen kaninchensicher. Damit die Zwerge wenigstens für ein paar Stunden an die frische Luft kommen, können Sie die Tiere einfach samt Käfig nach draußen verfrachten. Achten Sie dabei auf drei Dinge: Keine pralle Sonne, keine Zugluft und keine zu großen Temperaturunterschiede zwischen drinnen und draußen.

Der kaninchensichere Balkon

Mit mehr oder weniger Aufwand können Sie den Balkon kaninchensicher machen. Alle Schlupflöcher an Brüstung oder Gitter müssen verschlossen werden – mit Brettern oder dichtem Maschendraht. Rutschige und kalte Böden werden mit Reisstrohmatten (die werden jedoch schnell zernagt) oder Flickenteppichen ausgelegt. Wenn Sie dann noch die drei oben genannten Punkte beachten, dürfen Sie Ihre Zwerge auf dem Balkon frei laufen lassen. Doch niemals ohne Aufsicht! Denn Katzen oder Raubvögel sind durchaus in der Lage, auch auf dem Balkon zuzuschlagen. Sie können den Balkon auch mit einem bündig abschließenden Netz sichern.

Auch im Auslauf darf ein Häuschen nicht fehlen, damit sich der Zwerg auch mal zurückziehen kann.

Ab in die Sommerfrische

Ferienhaus im Grünen

Bevor die Kaninchen hinaus dürfen, sollten sie langsam an frisches Gras gewöhnt werden.

Frisches Gras unter den Pfoten, Sonne im Fell und saftige Kräuter sind für die Zwerge ein Genuss. Bauen Sie ihnen ein Freigehege und gönnen Sie ihnen möglichst viel Zeit, die sie im Sommer draußen verbringen dürfen.

Der Schnee ist geschmolzen, das erste frische Grün sprießt, die Luft wird wärmer und die Sonne scheint. Jetzt zieht es jeden nach draußen – auch die Zwergkaninchen. Gönnen Sie Ihren Tieren – wenn möglich – regelmäßig dieses Vergnügen, das sie sicher mit allen Sinnen genießen werden. Wenn der Boden trocken und es mindestens 18 °C warm ist, geht es nach draußen! Damit das Vergnügen keine Bauchschmerzen bereitet, sollten Sie Ihre Tiere schon vorher an frisches Grünfutter gewöhnen.

Kurzurlaub für Zwerge

Für einen Kurzurlaub können Sie einfach das Oberteil des Käfigs abnehmen und auf den Rasen setzen. Ein Häuschen, Heu und frisches Wasser dazu und das Ganze in den Schatten stellen oder mit einem Sonnenschirm beschatten und fertig ist der Auslauf. Nehmen Sie sich einen Liegestuhl und setzen Sie sich daneben. Denn ohne Aufsicht sollten die Mümmelmänner auf gar keinen Fall bleiben. Zumindest nicht in diesem Auslauf.

Meisterbuddler

Warum? Kaninchen sind Weltmeister im Buddeln. Ein Fluchttunnel ist also in null Komma nichts gegraben, das Gehege untertunnelt und die Zwerge hoppeln fröhlich in Gebieten herum, wo sie besser nicht sein sollten.

Tipp

Lassen Sie sie nicht frei!

Egal wie zahm Ihre Zwerge sind, lassen Sie sie niemals im Garten frei und ohne Gatter laufen. So ein Freilauf ohne Grenzen kann viel zu schnell zu einem Ausflug ohne Wiederkehr werden.

Freilauf de Luxe

Noch mehr Spaß haben Ihre Zwergkaninchen, wenn sie sich nicht nur unter dem Käfigoberteil, sondern in einem größeren Freigehege austoben können. Im Zoofachhandel gibt es Sommergehege zu kaufen – die zumindest mit einem Netz gegen Raubvögel und andere Beutegreifer geschützt werden müssen. Noch besser ist ein solides Gehege aus engem Maschendraht, wo man weder von außen hinein-, noch von innen hinauskommen kann. Sonst freut sich vielleicht auch Nachbars Katze über neue Spielgefährten. Doch diese Spiele sind für Ihre Zwerge nicht so lustig.

Genuss für alle Sinne

Flitzen, toben, Haken schlagen, frisches Gras und Kräuter mümmeln oder einfach in der Sonne liegen: Freilauf ist ganz sicher ein Genuss für Ihre Kaninchen. Damit es noch abwechslungsreicher wird, können Sie ihnen eine Buddelkiste zum Wühlen anbieten, Zweige zum Knabbern oder Röhren zum Hindurchkrabbeln.

Outdoor-Zwerge

Nicht nur Stallkaninchen können das ganze Jahr draußen leben, sondern auch die Zwerge. Allerdings müssen sie langsam aklimatisiert werden, brauchen gut isolierte und wettergeschützte Schlafhäuschen und einen Hochsicherheitstrakt, um Ausbruchsversuchen seitens der Zwerge vorzubeugen und Einbruchsversuche seitens hungriger Besucher wie Marder abzuwehren. Meistens werden die Kaninchen nicht ganz so zahm wie ihre Wohnungskollegen, da man weniger Zeit mit ihnen verbringt, doch für ein Kaninchen ist das Leben in Gesellschaft einiger Kumpel sicher nicht das Schlechteste.

→ *Giftige Pflanzen in Wohnung und Garten*

Agaven	Eibe	Kirschlorbeer	Porzellanblume
Aloen	Eisenhut	Krokus	Primeln
Alpenveilchen	Engelstrompete	Kroton	Rhizinus
Amaryllis	Farne	Lavendelheide	Rhododendren
Aronstab	Feigenbaum	Lebensbaum	Seidelbast
Azaleen	Fingerhut	Liguster	Sommerflieder
Besenginster	Flamingoblume	Lupinen	Stechapfel
Blauregen	Geranien	Mahonie	Virginische Zeder
Bogenhanf	Goldregen	Maiglöckchen	Wandelröschen
Christrose	Hakenlilien	Mistel	Weihnachtsstern
Christusdorn	Heckenkirsche	Mittagsblume	Wolfsmilchgewächse
Chrysanthemen	Hortensien	Myrte	Zimmerkalla
Clivie	Hyazinthen	Narzissen	Zwergmispel
Dieffenbachie	Ilex	Oleander	
Efeu	Immergrün	Osterglocken	
Efeutute	Kalla	Passionsblume	

Oben drüber – unten durch

Abenteuerspielplatz für Kaninchen

Freilauf macht Spaß! Doch irgendwann kennen Ihre Kaninchen auch den letzten Winkel des Auslaufs – spätestens dann wird es Zeit für mehr Abwechslung. Mit einfachen Mitteln und etwas Fantasie gestalten Sie Ihren Zwergen einen spannenden Abenteuerspielplatz, der immer wieder zu neuen Entdeckungstouren einlädt. Dabei müssen Sie nicht alle Ideen auf einmal umsetzen, bieten Sie lieber immer wieder mal etwas Neues.

Höhlenforscher

Kaninchen als Höhlenbewohner lieben alles, in das man hineinkriechen kann. Also her damit: Ton-, Korkeichen- oder Holzröhren, Kartons, in die Sie einen Ein- und Ausgang schneiden, aus Stroh geflochtene Kobel oder einfach verschiedene Schlafhäuschen laden kleine Höhlenforscher zu Expeditionen ein.

Tipp

Spaß für drinnen und draußen

Alle Spiel- und Beschäftigungsideen eignen sich sowohl für einen Abenteuerspielplatz in der Wohnung als auch für den Freilauf im Garten. Materialien, die feuchteempfindlich sind, wie zum Beispiel Pappe oder Kobel aus Stroh, sollten Sie abends immer mit ins Haus nehmen.

Klettermaxe

Auf fast alles, in das man hineinkriechen kann, kann man auch hinaufklettern. Sie werden sehen, Ihre Kaninchen erforschen ihr Höhlenspielzeug auch von außen. Aus mehreren Ziegelsteinen können Sie eine Treppe bauen.

Dunkle Löcher und Höhleneingänge sind für Kaninchen unwiderstehlich. Jeder Tunnel muss sofort ausprobiert werden.

Röhren bieten aber auch gute Aussichtsplattformen.

Oder stellen Sie ein Brett als nicht zu steile Rampe schräg an ein Schlafhäuschen, damit sie das Dach als Aussichtspunkt nutzen können. Der positive Nebeneffekt dieser Klettereien: Die Krallen der Kaninchen nützen sich auf den rauen Untergründen gut ab.

Kaninchen sind Meisterbuddler. Bieten Sie Ihnen eine Kiste, mit Sand oder alten Stofffetzen gefüllt, damit sie nach Herzenslust wühlen können.

Urwaldexpedition

Besorgen Sie ein Bündel belaubter Zweige – am besten von ungespritzten Obstgehölzen, Buche, Haselnuss oder Weiden – und schichten Sie es im Freilauf auf. Hinein geht's in den Urwald! Die Zwergkaninchen können unter den Ästen und Zweigen durchlaufen, sich darunter verstecken oder daran aufrichten und nebenher Blätter, Knospen und Rinde knabbern.

Buddel-Spaß

Sie benötigen eine Kiste – und Sand. Füllen Sie den Sand in die Kiste und stellen Sie diese für Ihre Kaninchen auf. Und los geht der Buddelspaß: Die Kaninchen werden sich sicher mit Begeisterung auf die Kiste stürzen und graben, was das Zeug hält. Achtung: Dabei bleibt natürlich nicht aller Sand in der Kiste! Deshalb ist dieses Vergnügen ganz besonders für den Freilauf im Garten geeignet. Für innen gibt es eine Alternative: Wenn Sie nicht überall Sand in der Wohnung haben wollen, können Sie entweder eine Kiste mit hohen Seitenwänden benutzen oder Sie füllen die Kiste einfach mit alten Stofffetzen (die allerdings keine Fäden ziehen dürfen, damit sich die Zwerge nicht darin verheddern).

Fitness-Food

Kaninchen finden auf Ihren täglichen Rundgängen gerne etwas zu knabbern. Damit der Abenteuerspielplatz aber nicht einfach zum Schlaraffenland wird, sollen sich die Zwerge für Ihre Leckerbissen ruhig etwas anstrengen. Zum Beispiel so:

- → Futterstückchen werden nicht einfach im Napf serviert, sondern im ganzen Raum versteckt.
- → Füllen Sie ein Span- oder Weidenkörbchen mit Heu und verstecken sie darunter kleine Gemüsestückchen.
- → Binden Sie Petersilie zu einem Sträußchen und hängen Sie es so auf, dass sich die Kaninchen recken und strecken müssen, um davon zu naschen.
- → Auch eine an einem erhöhten Platz eingeklemmte Karotte regt zum „Stretching" an.
- → Unter einer umgedrehten kleinen Schachtel können Sie Leckerbissen verstecken. Die Zwerge finden sicher einen Weg, um daranzukommen.
- → Stopfen Sie Heu in eine kleine Tonröhre oder eine leere Klopapierrolle – die Mümmelmänner müssen es dann wieder herauszupfen.

Für **KIDS**

Kaninchenzirkus: „Manege frei“

Deine Kaninchen sind ganz schön schlau!

Hast Du nicht Lust, auch anderen zu zeigen, was Deine Kaninchen alles können? Dann trainiere mit ihnen diese Kunststücke und schon bald heißt es „Manege frei“ für Deinen Zwergen-Zirkus.

Seiltänzer

Du brauchst zwei Ziegelsteine oder zwei Schlafhäuschen und ein ca. 15 cm breites Brett. Stelle die Steine oder Häuschen im Abstand zueinander auf und lege das Brett darüber, sodass eine Art Brücke entsteht. Nun sollen Deine Kaninchen über das Brett hoppeln. Anfangs musst Du sie vielleicht noch mit einem Leckerbissen locken, aber bald schon können sie es alleine.

Hürdenläufer

Nimm ein oder zwei Ziegelsteine, eines Deiner Kaninchen sitzt links davon. Nun lockst Du es mit einem Leckerbissen, bis es über den Stein/die Steine hüpft. Gibt dazu ein Kommando: „Allez hopp!“

Löwensprung

Besorge Dir einen kleinen Reifen und bring Deinen Kaninchen bei, hindurchzuklettern. Zuerst steht der Reifen noch auf dem Boden, nach und nach kannst Du ihn ein bisschen höher halten. Na, wie hoch schaffen es Deine Zwerge?

Abschiedsgruß

Kaninchen können ganz prima Männchen machen. Mit einem Stückchen ihres Lieblingsfutters, das Du ihnen über die Nase hältst, kannst Du sie schnell dazu bringen. Das wird der Abschieds gruß Deiner Kaninchen-Artisten.

Spielregeln für Zwergen-Dompteure

Damit auch Deine Kaninchen Spaß am Zirkus haben, beachte bitte diese Regeln:

- → Zwinge Deine Kaninchen nie zu etwas, das sie nicht wollen.
- → Belohne sie für jeden Erfolg mit Streicheleinheiten und einem kleinen Leckerbissen.
- → Übe nie zu lange, sonst verlieren Deine Tiere die Lust.
- → Übe aber regelmäßig, damit Deine Kaninchen die Tricks nicht gleich wieder vergessen.
- → Am fittesten sind Kaninchen am Morgen und am frühen Abend. Nutze ihre Energie. Störe sie nicht, wenn sie gerade schlafen oder fressen.

Spaß für Groß und Klein

Gehirn-Jogging für schlaue Zwerge

Ihre Kaninchen bekommen das beste, abwechslungsreichste Futter, sie leben in einem großzügigen Käfig mit viel Freilauf und dürfen sich regelmäßig auf einem spannenden Abenteuerspielplatz austoben. Nun wollen wir doch auch noch sehen, wie schlau die kleinen Hoppler sind.

Durchs Labyrinth

Bauen Sie aus Pappkartons ein Labyrinth für Ihre Kaninchen. Es muss gar nicht sehr kompliziert sein, sollte aber mindestens einen „falschen Weg" bzw. eine Sackgasse besitzen. Nun legen Sie an den Ausgang ein Stückchen Futter und lassen ein Kaninchen nach dem anderen den richtigen Weg suchen. Jetzt wird es interessant: Welches Kaninchen ist am schnellsten, welches braucht am längsten? Lernen die Tiere dazu und finden mit jedem Versuch den Weg ein wenig schneller? Was passiert, wenn Sie den Weg verändern?

Rot, blau, gelb

Sie benötigen drei Näpfe in den Farben rot, blau und gelb. Oder Sie bekleben drei gleiche Näpfe mit entsprechend farbigem Papier. Nun kommt nur in den roten Napf etwas Futter und alle Näpfe werden zugedeckt.

Nehmen Sie vier bunte Näpfe und legen Sie in den roten etwas Futter. Dann werden alle Näpfe zugedeckt. Wie lange brauchen Ihre Kaninchen, bis sie den Leckerbissen finden?

Natürlich werden Ihre Kaninchen durch Schnuppern schnell herausfinden, wo es etwas zu fressen gibt. Doch Sie werden sehen: Nach einiger Zeit laufen sie gezielt zum roten Napf, egal wo er steht – und auch wenn kein Futter darin zu finden ist.

Ganz schön pfiffig

Nun versuchen Sie dies: Jedes Mal, wenn Sie Ihre Kaninchen füttern, pfeifen Sie oder klingeln mit einer kleinen Glocke – noch bevor Sie das Futter in den Napf geben. Die Zwerge kommen sicher schon hungrig angelaufen. Nach einiger Zeit probieren Sie aus, was passiert, wenn Sie nur pfeifen oder klingeln. Ziemlich sicher werden die Kaninchen auch jetzt wieder angelaufen kommen. Sie haben gelernt: Wenn es klingelt oder pfeift, gibt es auch gleich etwas zu futtern.

Kaninchen-Förderprogramm

Nach Ansicht von Tierpsychologen kann man Tiere durch gezielte Aufgaben und intensive Beschäftigung intelligenter machen. Voraussetzung: Die Tiere dürfen keine Angst vor ihrem „Trainer“ haben und müssen artgerecht gehalten werden. Dann kann das Kaninchen-Förderprogramm beginnen.

Viel Zeit und neue Ideen

Das Allerwichtigste: Sie sollten sich so oft und so lange wie möglich mit Ihren Zwergen beschäftigen und mit ihnen spielen. Animieren Sie sie immer wieder zu neuen „Leistungen“, denn Lernen fördert das Denkvermögen. Auch durch immer wieder neue Inneneinrichtung im Käfig oder anders aufgebaute Abenteuerspielplätze kann man die geistige Flexibilität steigern.

Test

Wie gut kennen Sie Ihre Zwerge?

Und nun sind Sie dran: Wie gut kennen Sie Ihre Zwerge? Und wie gut kennen Ihre Zwerge Sie?

- ☐ **Meine Kaninchen kommen sofort angehoppelt, wenn ich komme.**
- ☐ **Bei leckerem Futter kommen meine Kaninchen sofort angerannt.**
- ☐ **Ich weiß genau, welcher Zwerg der neugierigste ist.**
- ☐ **Ich weiß genau, welches Kaninchen das ängstlichste ist.**
- ☐ **Meine Kaninchen lassen sich gerne streicheln und genießen jede Schmuseeinheit.**
- ☐ **Meine Mümmelmänner haben täglich Freilauf, den ich immer wieder abwechslungsreich gestalte.**
- ☐ **Neue Spiel- und Turngeräte erkunden meine Kaninchen neugierig.**
- ☐ **Wenn ich mit der Hand im Heu raschle, kommen meine Zwerge neugierig angelaufen.**
- ☐ **Wenn ich Leckereien im Käfig verstecke, suchen meine Kaninchen sofort danach.**

Können Sie auf alle diese Aussagen mit „trifft zu“ antworten? Gratulation! Sie und Ihre Zwerge sind ein wirklich fittes Team!

Auf einen Blick

Verstehen und beschäftigen

Mit allen Sinnen

Sehen

Kaninchen haben einen fast 360-Grad-Rundumblick und können Bewegungen gut sehen, auch in der Dämmerung. Dafür ist ihre Welt weniger bunt, auch wenn sie rot und grün erkennen können.

Hören

Kaninchen hören fantastisch. Sie können ihre Ohren wie kleine Schalltrichter unabhängig in unterschiedliche Richtungen drehen. Allerdings sind sie dadurch auch ganz schön geräuschempfindlich.

Riechen

Kaninchen sind kleine Supernasen! Ein Großteil ihrer Kommunikation läuft über Duftbotschaften ab. Strenge Gerüche wie Putzmittel oder Zigarettenrauch stinken ihnen gewaltig.

Schmecken

Kaninchen sind Feinschmecker. Sie mögen die Abwechslung und entwickeln Vorlieben und Abneigungen.

Fühlen

Mit ihren empfindlichen Tasthaaren am Kopf können sie sich auch noch im Dunkeln zurechtfinden.

Freilauf muss sein

- Kaninchen müssen ihren Bewegungsdrang ausleben können, um gesund zu bleiben. Selbst bei einem großen Käfig reicht der Platz nicht aus.
- 2–3 Stunden Freilauf am Tag sollten sein.
- Freilauf – aber sicher! Beseitigen Sie alle Gefahren aus der Wohnung, bevor Ihre Kaninchen dort frei herumlaufen dürfen.
- Immer mal was Neues: Gestalten Sie den Freilauf für Ihre Kaninchen abwechslungsreich, indem Sie immer wieder neue Spiel- und Turngeräte aufbauen und Leckerbissen verstecken.
- Auch beim Freilauf: Immer frisches Heu und Wasser sowie ein Häuschen als Unterschlupf zur Verfügung stellen.

- Wenn Ihre Kaninchen in den Garten dürfen, gewöhnen Sie sie vorher an frisches Gras.
- Sorgen Sie für ein stabiles Gehege und Schatten. Lassen Sie die Zwerge nie allein, damit Sie Ausbruchsversuche vereiteln und Nachbars Katze verscheuchen können.

Spiel- und Turngeräte

- Röhren aus Ton, Korkeichenrinde oder Holz eignen sich hervorragend zum Durchkriechen.

- Auf das Dach verschiedener Schlafhäuschen oder Treppen aus Ziegelsteinen können Kaninchen hinaufklettern.
- Äste und Zweige können beschnuppert und benagt werden.
- Eine Sandkiste befriedigt das Buddelbedürfnis der Kaninchen.

- Leckereien an erhöhten Stellen laden zum „Stretching“ ein.
- Werden Sie zum Spielgerät! Legen Sie sich auf den Boden und lassen Sie Ihre Kaninchen an Ihnen schnuppern, auf Ihnen klettern, unter Ihnen durchkriechen, und zum Schluss ausgiebig mit Ihnen kuscheln. Je mehr Sie sich mit Ihnen beschäftigen, umso zahmer werden sie.

Bildnachweis
Die Farbfotos wurden von Ulrike Schanz extra für dieses Buch aufgenommen.
4 Farbfotos stammen von Juniors Tierbild (S. 8, 9 beide, 10 oben).

Impressum
Umschlaggestaltung von eStudio Calamar unter Verwendung von Farbfotos von Ulrike Schanz

Mit 153 Farbfotos.

Gedruckt auf chlorfrei gebleichtem Papier

ISBN 978-3-440-10387-6
Redaktion: Alice Rieger
Gestaltungskonzept: solutioncube GmbH, Reutlingen
Gestaltung & Satz: Atelier Krohmer, Dettingen/Erms
Produktion: Kirsten Raue / Eva Schmidt
Printed in Germany / Imprimé en Allemagne

Register

Meine Serviceseite

Internet

www.diebrain.de
Ausführliche und fundierte Informationen, Erfahrungsberichte, Fotos und Anleitungen, weitere Links

www.kaninchenhilfe.de
Hier finden Sie zahlreiche Ansprechpartner, die Sie rund um die Kaninchenhaltung beraten, und viele Kaninchen, die ein neues Zuhause suchen.

www.zwergkaninchen.net
Bietet zahlreiche Tipps über Pflege, Haltung, Krankheiten und Verhalten.

Zum Weiterlesen

Hensel, Wolfgang:
Deine Zwergkaninchen. Was sie brauchen & was sie alles können. KOSMOS 2001.

Morgenegg, Ruth:
Artgerechte Haltung – ein Grundrecht auch für (Zwerg-)Kaninchen. Tb-Verlag 2003.

Toll, Claudia:
Zwergkaninchen. Erleben – verstehen – beschäftigen. KOSMOS 2005.

Warrlich, Anne:
Meine Zwergkaninchen. Rund um das Tier, gut versorgt, natürlich gesund, Spiel & Spaß, Verhalten verstehen. KOSMOS 2004.

Warrlich, Anne:
Warum das Kaninchen Luftsprünge macht. 99 Fragen und Antworten, damit ich mein Zwergkaninchen besser verstehe. KOSMOS 2005.